교실에서 **바로** 실천하는

사회정서교육

한혜원 · 조열음 · 김미현 · 김민아 · 김민정 공저

학지사

머리말

아이들의 '마음'에도 수업이 필요합니다.

"선생님!"

아침부터 여기저기서 손이 올라옵니다. 공책이 찢어졌다며 울먹이는 아이, 친구가 자기랑 놀아 주지 않는다며 입을 삐죽이는 아이, 누군가의 말 한마디에 온몸으로 화를 내는 아이. 작은 일에도 감정이 요동치는 교실에서 아이들의 이야기를 듣다 보면 하루가 어떻게 지나갔는지 모를 때가 많습니다. 문제를 해결해 줘도 똑같은 일이 반복되는 교실, 도대체 뭐가 문제일까요?

학교 상담실을 찾아오는 다양한 아이를 만나며, 제가 깨달은 중요한 사실이 있습니다. 바로 '아는 것'과 '실천하는 것'은 전혀 다른 문제라는 점입니다. 감정을 조절해야 한다는 것은 이미 많은 아이가 알고 있습니다. 하지만 막상 감정이 올라오는 순간, 어떻게 해야 할지 몰라서 당황하는 경우가 많았습니다. 이런 말을 하면 친구에게 상처가 된다는 걸 알면서도, 정작 그 순간에는 그 말을 멈추지 못하고 내뱉는 아이들이 대부분이었지요. "알고는 있는데, 마음처럼 안 되는걸요." 저는 이 한마디가 오래도록 마음에 남았습니다.

그때부터 고민이 시작됐습니다. "어떻게 하면 아이들이 자기 마음을 잘 돌보며 살아갈 수 있을까? 내가 지금 놓치고 있는 건 뭘까?" 그러던 중 '사회정서교육(Social and Emotional Learning: SEL)'을 만나게 되었습니다. 사회정서교육은 단순히 감정을 배우는 것을 넘어, 자신의 마음을 잘 알아차리고, 건강하게 표현하며, 타인과 좋은 관계를 맺는 방법까지 익히는 삶의 기술을 가르칩니다. 교실에서의 수업 하나로 끝나는 것이 아니라, 수업과 삶이 연결되고, 가정과 학교가 함께 손을 맞잡을 때 비로소 힘을 발휘하는 교육이지요. 비록 쉽지 않고 시간이 걸리는 일이지만, 그만큼 아이들에게 꼭 필요한 교육이라는 확신이 들었습니다. 인공지능이 발전하고, 지식은 검색 몇 번 하면 얻을 수 있는 시대에서, 사람답게 살아가는 힘을 기르는 교육이야말로 지금 가장 절실하다고 느꼈기 때문입니다.

이 책은 바로 그런 고민 속에서 만들어졌습니다. 이미 해외에서는 다양한 SEL 프로그램이 활발히 운영되고 있었지만, 우리는 우리 아이들에게 맞는 방식으로, 우리 교실에서 정말 쓸 수 있는 프로그램을 만들고 싶었습니다. 그래서 현직 초등학교 전문상담교사 5명이 함께 뜻을 모아 직접 연구하고, 경험을 나누며 한 차시 한 차시를 정성껏 구성해 나갔습니다. 서로 다른 학교에서 다양한 아이를 만나 온 다섯 명의 상담교사가 각자의 현장에서 얻은 고민과 사례를 모으고 해외의 우수한 프로그램을 리뷰하며, 아이들에게 꼭 필요한 수업이자 선생님들이 실제로 활용할 수 있는 수업을 만들고자 했습니다. CASEL에서 제안한 5대 핵심 역량과 한국형 사회정서교육에서 강조하는 주요 역량을 모두 반영해 프로그램을 구성했고, 선생님들이 별도의 시간을 내지 않더라도 교과 수업안에서 자연스럽게 실천할 수 있도록 교육과정과도 연계했습니다. 저희가 이 책을 만들며 세운 기준은 명확했습니다.

첫째, 선생님이 쉽게 실천할 수 있어야 한다는 것.

바쁜 일과 속에서도 바로 이해하고 수업에 적용할 수 있도록, PPT와 활동지, 가정통신문까지 함께 제공해 실용성을 높였습니다.

둘째, 아이들에게 재미있고 흥미로워야 한다는 것.

아이들이 수업 시간에 즐겁게 몰입할 수 있도록 게임, 그림책, 역할극 등 다양한 활동 중심으로 구성했습니다.

셋째, 근거 기반에 충실하면서도 아이들의 실제 삶에 변화를 줄 수 있어야 한다는 것.

활동이 단지 재미에 그치지 않도록, 아이들이 수업을 통해 자신의 감정과 행동을 돌아보고 스스로 배움을 체화할 수 있도록 의미 있는 메시지를 담았습니다. 실제로 이 책의 내용을 바탕으로 한 10차시 프로그램을 운영한 결과, 학생들의 사회정서역량이 전반적으로 유의미하게 향상되었으며, 과학적 효과성 또한 검증되었습니다(〈부록 3〉 참조).

구성은 다음과 같습니다. 사회정서교육이 처음인 선생님들도 부담 없이 시작할 수 있도록, 프롤로그에서는 사회정서교육이 무엇인지, 왜 필요한지, 그리고 어떻게 실천할 수 있는지를 간략히 소개했습니다. 수업은 제1부 저학년(1~2학년), 제2부 고학년(3~6학년)으로 나누어, 총 30차시(각 15차시)로 구성되어 있습니다. '나를 이해하고 돌보는 힘(1~3단원)'에서 시작해, '타인과 함께 살아가는 힘(4~6단원)'으로 이어지는 흐름 안에서, 발달 수준에 맞춘 활동으로 누구나 무리 없이 따라갈 수 있도록 설계했습니다. 또한 부록에는 선생님이 수업 시간뿐 아니라 쉬는 시간, 복도, 일상에서도 아이들과 마음을 돌보고 삶을 나눌 수 있는 방법을 담았습니다.

아이들의 마음에 단단한 힘을 길러 주고 싶은 선생님들께, 그리고 아이들이 자기 삶의 주인이 되어 행복을 가꾸어 가길 바라는 모든 어른에게, 이 책이 작지만 따뜻한 동반자가 되어 주기를 진심으로 바랍니다.

끝으로, 사회정서교육의 필요성에 공감하며 이 책이 세상에 나올 수 있도록 도와주신 김진환 사장님, 섬세한 편집으로 함께해 주신 이희주 편집자님 그리고 언제나 든든하게 응원해 주시며 책을 널리 알려 주시는 진형한 대리님께도 감사의 마음을 전합니다.

저자 대표

한혜원

교실에서 만나는 사회정서교육의 모든 것

1. 사회정서교육이란

사회정서교육은 아이들이 자신의 감정과 생각을 이해하고, 타인과 건강하게 어울리며, 스스로 바람직한 행동을 선택할 수 있도록 돕는 '삶의 기술'을 배우는 통합적인 과정입니다. 그동안 우리 교실은 어땠나요? 우리는 아이들에게 무엇이 옳은지 가르치는 데 집중해 왔습니다. 하지만 아이들은 머리로는 알고 있어도 막상 실천하는 건 늘 어려워했죠. 결국 그 어려움은 해결되지 않은 채, 아이들 마음속에 하나둘씩 쌓여 갔습니다.

사회정서교육은 단순히 '분노 조절'이나 '친구와 잘 지내기'를 몇 번 알려 주는 데서 멈추지 않습니다. 아이들이 마음을 다루고, 관계를 맺고, 올바른 선택을 하는 법을 반복해서 연습하고 익히는 장을 만드는 것에 집중합니다. 교실과 학교, 나아가 가정과 공동체 속에서 사회정서적 역량이 자연스럽게 자라날 수 있도록 환경을 조정하는 것. 그것이 바로 전 세계가 주목한 사회정서교육입니다.

2. 사회정서교육의 탄생 배경

'아이들이 건강하게 자라기 위해 진짜 필요한 것은 무엇일까?'

이 질문에 답을 찾기 위해 움직인 사람이 있었습니다. 바로 아동정신과 의사 제임스 코머(James Comer) 박사입니다. 1968년 미국 코네티컷주 뉴헤이븐에는 저소득층 아이들이 다니는 두 초등학교가 있었습니다. 학업 성적은 바닥이고, 출석률은 낮았으며, 학교폭력과 문제행동이 끊이지 않았죠. 많은 사람은 그저 '문제가 많은 학교'라고 여겼지만, 제임스 코머 박사는 달리 보았습니다.

"이 아이들은 공부를 못하는 게 아니라, 자랄 수 있는 환경이 부족한 거예요."

그는 '발달과 학습은 따로 갈 수 없다.'라는 믿음으로 교사와 학부모, 지역사회를 하나로 연결해 아이들의 사회정서발달을 돕는 학교발달프로그램(School Development Program: SDP)을 시작했습니다. 교실에서 단순히 지식을 가르치는 것을 넘어, 아이들의 감정, 관계, 자율성을 키울 수 있는 환경을 만들고자 했던 것이죠.

그 결과는 놀라웠습니다. 몇 년 후, 이 두 학교는 학업 성취도와 출석률이 눈에 띄게 상승했고, 문제행동도 현저히 줄어들었습니다. SDP는 '학습은 발달 위에 세워져야 한다.'라는 것을 증명하며, 이후 미국 전역 1,000개 이상의 학교로 확산되었습니다.

1990년대에 들어서면서, 미국 사회는 또 다른 위기를 겪게 됩니다. 학교 총기사고, 마약 문제, 청소년 정신건강 악화 등으로 인해 학교는 안전하지 않은 공간이 되었고, 학생 5명 중 1명이 정서적 어려움을 호소했습니다. 이때부터 단순한 처벌이나 훈계가 아닌 '예방 중심의 교육'에 대한 중요성이 더욱 강조되기 시작했습니다.

그 흐름 속에서 1994년, 사회정서교육을 체계적으로 확산하기 위해 설립된 기관이 바로 CASEL(Collaborative for Academic, Social, and Emotional Learning)입니다. CASEL은 효과적인 SEL 프로그램을 연구·보급하고, 학교와 지역사회가 함께 실천할 수 있는 가이드라인을 제시했습니다. 특히 CASEL의 창립자 중 한 명인 대니얼 골먼(Daniel Goleman)의 『EQ 감성지능』 출간으로 SEL은 대중의 큰 주목을 받게 되었습니다.

이제 SEL은 미국을 넘어 WHO, UNESCO, OECD 등 국제기구에서도 적극적으로 권장하는 교육이 되었고, '지식'뿐만 아니라 사회정서역량이 미래 인재의 핵심이라는 인식이 자리 잡았습니다. 결국, 사회정서교육은 단순한 교육 프로그램이 아니라, 아이들이 건강하게 배우고 자라기 위해 학교가 어떻게 변해야 하는지를 함께 고민하며 만들어진 모델입니다.

우리나라에서도 최근, 이러한 흐름에 발맞춰 '한국형 사회정서교육'이 새롭게 제시되었습니다. 한국형 사회정서교육은 공동체 의식이 강한 우리 문화와 학교 현실을 반영하여, '자기·관계·공동체·마음건강' 4가지 영역과 6개의 핵심 역량을 중심으로 구성된 것이 특징입니다.

3. 사회정서교육의 핵심 역량

전 세계적으로 가장 널리 쓰이는 SEL 모델은 미국의 CASEL에서 제안한 5가지 핵심 역량입니다. 이 5가지는 '무엇을 인식하고(나와 타인), 어떻게 다루며(감정과 관계), 어떤 결정을 내리는가(책임 있는 판단)'라는 흐름으로 구조화되어 있어요.

- ✔ '나'와 '타인'을 얼마나 잘 알고 → 자기인식 / 사회적 인식
- ✔ 그것을 얼마나 잘 다루고 조율하며 → 자기관리 / 관계기술
- ✔ 마지막으로, 상황에 맞게 바른 선택을 할 수 있는가 → 책임 있는 의사결정

한편, 우리나라에서도 학교 현장과 문화적 특성을 반영한 '한국형 사회정서교육'이 최근 제시되었는데요. 공동체 감수성과 마음건강을 더욱 강조하며, 기존의 5가지 역량에 '정신건강 인식 및 관리'라는 역량이 추가된 것이 특징입니다. 한국형 사회정서교육의 6개 역량은 CASEL의 5대 역량과도 다음과 같이 자연스럽게 연결됩니다. 이 책에 담긴 활동들은 두 모델의 핵심 역량을 모두 반영해 구성되었으며, 교실 속 다양한 상황에서 아이들의 '마음의 힘'을 길러 주는 데 좋은 출발점이 되어 줄 것입니다.

CASEL 핵심 역량	의미	한국형 사회정서교육 핵심 역량
자기인식	감정, 생각, 강점 등을 스스로 인식하고, 나를 긍정적으로 바라보는 능력	자기인식
자기관리	화, 불안, 스트레스를 조절하고 목표를 향해 꾸준히 나아가는 힘	자기관리
사회적 인식	타인의 감정과 관점을 이해하고, 공감하며 배려하는 능력	관계인식
관계기술	소통하고 협력하며, 갈등을 평화롭게 해결하는 능력	관계관리
책임 있는 의사결정	공동체의 일원으로서 책임 있게 선택하고, 더 나은 사회를 위해 행동하는 힘	공동체 가치 인식 및 관리
(없음)	정신건강 문제를 이해하고, 자신과 타인의 정신건강을 돌보는 능력	정신건강 인식 및 관리

4. 사회정서교육, 기존의 인성교육과 무엇이 다른가요

"이거, 인성교육이나 감정교육이랑 비슷한 거 아닌가요?"

사회정서교육을 처음 접한 선생님들이 자주 하는 질문입니다. 겉으로 보기엔 아이들에게 바른 마음, 바른 행동, 감정 조절을 가르친다는 점에서 비슷해 보일 수 있거든요.

하지만 겉모습은 비슷해도, 사회정서교육은 출발점부터 다릅니다. 그동안의 인성교육은 '이럴 때는 이렇게 해야 해요.' '이런 행동이 바른 행동이에요.'처럼 옳고 그름을 알려 주고, 바른 행동을 기대하는 데 초점을 맞췄습니다. 아이들은 머리로는 '맞는 말'이라는 걸 알지만, 정작 그 상황이 닥치면 어떻게 해야 할지 몰라 어려워하는 경우가 많았죠.

감정교육도 마찬가지였습니다. 감정을 어떻게 느끼고 다뤄야 하는지를 깊이 들여다보기보다, 겉으로 드러나는 반응을 조절하는 데 더 집중하는 경우가 많았습니다. 그러다 보니, 감정을 제대로 표현하는 법을 배우지 못한 아이들은 작은 갈등에도 쉽게 부딪히고, 친구 관계에서 자주 어려움을 겪곤 했습니다.

반면, 사회정서교육은 감정 이해와 조절에만 머무르지 않습니다. 아이들이 자신을 이해하고, 타인을 공감하며, 관계를 맺고, 책임 있는 선택을 할 수 있도록 필요한 역량을 체계적이고 통합적으로 기르는 과정입니다.

머리로 아는 것에서 멈추지 않고, 삶 속에서 자연스럽게 행동으로 이어지도록 돕는 것. 그것이 바로 SEL이 지향하는 교육입니다.

5. 사회정서교육, 이 4가지를 기억하세요

사회정서교육을 연구하고 확산하는 기관인 CASEL에서는 세계 여러 학교가 참고할 수 있도록 효과적인 사회정서교육을 위한 4가지 기준, 바로 SAFE 원칙을 제안했습니다. 이 책에 담긴 활동들은 SAFE 원칙을 바탕으로, 선생님이 교실 속에서 쉽고 자연스럽게 실천할 수 있도록 구성되어 있습니다.

SAFE 원칙	설명	이 책의 Point!
S (Sequential) – 순차적	아이들이 마음의 힘을 차근차근 쌓아 갈 수 있도록, 주제와 활동을 순차적으로 구성하는 게 중요해요.	저 · 고 학년이 같은 주제라도 발달에 맞게 다르게 배우고, 반복 속에서 점점 깊어지도록 구성했어요.
A (Active) – 능동적	사회정서교육은 듣는 수업이 아니라 몸과 마음으로 직접 해 보면서 익히는 것이 중요해요.	역할극, 몸으로 말해요, 마음챙김 활동 등 아이들이 '스스로 해 봤다.'라는 경험을 통해 진짜 배움이 일어나도록 수업 활동을 기획했어요.
F (Focused) – 집중 시간	짧은 시간이어도, 오늘 무엇을 느끼고 배우는지를 명확하게 바라보는 시간이 필요해요.	활동 후 '오늘의 한 문장'을 함께 정리하며, 생각을 스스로 정리하고 돌아보도록 도와줍니다.
E (Explicit) – 명확한 가르침	무엇을 배웠는지 명확히 알고, 교실 밖에서도 실천할 수 있어야 해요.	가정통신문과 가정연계활동을 통해, 배움이 교실 밖 일상에서도 이어질 수 있도록 설계했어요.

6. Q&A로 이해하는 사회정서교육

Q 사회정서교육은 꼭 별도의 시간에 따로 가르쳐야 하나요?

A 반드시 그런 것은 아닙니다. 사회정서교육은 별도로 시간을 정하지 않더라도, 교실 속 일상 대화와 활동 안에서 충분히 실천할 수 있습니다. 이 책은 교육과정과 연계된 수업으로 사회정서교육을 자연스럽게 녹여 낼 수 있도록 구성되어 있으며, 〈부록 1 사회정서역량을 높이는 교사의 언어〉에서는 수업 외의 일상 대화 속에서도 SEL을 실천할 수 있는 말하기 방법을 소개하고 있습니다.

Q 사회정서교육은 얼마나 자주 해야 효과가 있나요?

A 사회정서교육은 한 번의 특별한 수업보다 짧게라도 자주, 생활 속에서 반복적으로 실천하는 것이 더 중요합니다. 이 책에 담긴 15차시 수업으로 사회정서교육의 기본기를 다진 후, 교실 속 작은 대화나 활동으로 자연스럽게 이어 가는 것이 핵심이에요.
실제로 이 책의 내용을 바탕으로 10차시 프로그램을 운영한 결과, 학생들의 사회정서역량이 전반적으로 유의미하게 향상된 것이 확인되었습니다. 자세한 효과 검증 결과는 〈부록 3〉에서 확인하실 수 있습니다.

Q 모든 아이에게 사회정서교육이 필요할까요?

A 네. 사회정서교육은 특정 문제행동을 보이는 아이만을 위한 것이 아니라, 모든 아이의 '삶의 기술'을 키워 주는 보편적 교육입니다. 국제적으로 이루어진 수많은 연구에서 이미 사회정서교육이 다양한 배경의 학생들에게 긍정적인 효과를 준다는 사실을 입증하고 있습니다.

Q 사회정서교육은 문제행동 예방이나 교우관계 개선에만 필요한 것 아닌가요?

A 아닙니다! 교우관계 개선이나 문제행동 예방에도 물론 효과적이지만, 사회정서교육의 진짜 가치는 아이들이 평생을 살아가는 데 필요한 '마음의 힘'을 길러 준다는 점에 있습니다.

Q 사회정서교육이 아이들의 학업에도 도움이 되나요?

A 네! 연구에 따르면, 사회정서교육을 실천한 교실에서는 학업 성취도도 함께 향상되는 효과가 나타났습니다. 정서적으로 안정되고 친구와의 관계가 좋아질수록, 배움에 대한 집중력도 자연스럽게 높아지기 때문이에요.

Q 교사가 사회정서교육의 전문가가 아니어도 실천할 수 있나요?

A 물론입니다! 사회정서교육은 복잡한 이론을 몰라도, 선생님의 따뜻한 말 한마디와 작은 실천으로도 충분히 시작할 수 있어요. 중요한 것은 완벽하게 가르치는 것이 아니라, 아이들과 함께 감정을 알아차리고, 관계를 돌아보며, 실천해 보는 그 과정 자체입니다. 이 책은 사회정서교육을 처음 시작하는 선생님도 '할 수 있겠다.'라는 용기를 가질 수 있도록 PPT, 활동지, 가정통신문까지 '올인원' 구성으로 준비했어요.

차례

저학년 수업 한눈에 보기 15차시

단원	차시	수업 소개
1단원	1. 내 몸이 보내는 감정 신호	✤ 감정이 뭐예요? 묻는 아이들에게 알려 주세요. ✤ 감정 단어를 온몸으로 배우는 가장 재미있는 수업
	2. 내 마음, 이렇게 말해요!	✤ 일단 화부터 내는 아이들에게 필수! ✤ 교실 싸움을 반으로 줄어들게 하는 마법의 표현을 배워요.
2단원	1. 생각 몬스터 물리치기	✤ 감정에 휘둘리는 아이들을 위한 수업 ✤ 부정적인 생각을 긍정으로 바꾸는 힘을 길러요.
	2. 숨을 쉬면, 내 몸이 편안해져요.	✤ 긴장과 불안을 가라앉히는 호흡법을 배워요. ✤ 호흡하는 법만 바꿔도 감정 조절이 가능해요!
	3. 내 안의 공룡 돌보기	✤ 화가 폭발하는 아이들에게 필요한 수업 ✤ 내 안의 공룡과 사이좋게 지내는 법을 배워요.
3단원	1. 발견해요, 나의 강점	✤ "저 잘하는 거 없는데요?"라고 말하는 아이들에게 필요한 수업 ✤ 자존감을 키우는 첫걸음, 강점 발견으로 시작!
	2. 강해져라, 나의 강점	✤ "내가 잘할 수 있을까?" 망설이는 아이에게 추천해요. ✤ 내 안의 강점을 천천히 키워 가며, 나를 믿는 힘을 배워요!
	3. 나는 성장하고 있어요	✤ 내 마음을 키워 주는 '성장의 말'을 배워요. ✤ "못해요." 대신 "해 볼게요!"로 바뀌는 수업
4단원	1. 우리는 달라서 더 특별해	✤ 다름을 이해하고 어울리는 힘을 배우는 수업 ✤ 존중과 배려가 살아 있는 교실을 만들어요.
	2. 내가 먼저! 용기 있는 친구 되기	✤ 친구를 외면하지 않는 마음, 이 수업으로 키워요. ✤ 따돌림과 방관을 막는 진짜 학교폭력 예방 수업!
5단원	1. 따뜻한 마음으로 공감해요	✤ 공감을 재미있고 신나게, 몸으로 익혀요! ✤ 공감하는 말과 행동은 학교폭력 예방의 시작!
	2. 대화의 첫걸음은 태도!	✤ 태도가 바뀌면, 관계도 달라져요. ✤ 친구에게 다가가기 어려운 학생들을 위한 사회성 수업
	3. 거절해도 괜찮아!	✤ "싫어요." 한마디, 어떻게 말하면 좋을까? ✤ 내 마음은 지키고, 친구 마음도 다치지 않는 거절법을 배워요.
6단원	1. 올빼미처럼 똑똑하게! 갈등 해결하기	✤ 싸워도 괜찮아! 똑똑하게 해결하면 되니까! ✤ 모두가 웃을 수 있는 갈등 해결법을 배워요.
	2. 사과는 어떻게 하나요?	✤ 사과하는 법, 즐거운 노래로 쏙쏙 익혀요! ✤ "미안해." 한마디에 진심을 담아 보는 수업

고학년 수업 한눈에 보기 15차시

단원	차시	수업 소개
1단원	1. 감정을 알아맞혀 봐!	✿ 감정 단어를 놀이로 배우는 즐거운 수업 ✿ 감정을 제대로 알면 마음 표현도 훨씬 쉬워져요.
	2. 내 마음 제대로 전하는 법	✿ "짱나요, 몰라요."만 외치는 아이들에게 필수! ✿ 표현만 바꿔도, 다툼은 줄고 관계는 더 좋아질 수 있어요.
2단원	1. 생각의 기술 '가나다라마'	✿ 부정적으로만 생각하는 아이에게 꼭 필요한 수업 ✿ 감정을 다르게 해석하는 '생각의 기술'을 배워요.
	2. 호흡의 기술	✿ 긴장과 불안이 심한 아이에게 꼭 필요한 감정 조절 수업 ✿ 호흡만 바꿔도, 몸과 마음이 훨씬 편안해져요.
	3. 두뇌의 세 가지 모드	✿ "나는 왜 이럴까?" 혼란스러운 사춘기 마음, 두뇌로 이해해요. ✿ 내 머릿속을 알고, 감정을 조절하는 나만의 방법을 찾아요.
3단원	1. 나만의 특별한 강점 찾기	✿ 나를 좀 더 제대로 알고 싶은 아이들에게 추천하는 수업 ✿ 서로의 강점을 발견하며 응원하는 교실을 만들어요!
	2. 나의 성격 강점에 물 주기	✿ 나를 더 멋지게 키워 볼까? 어떻게? ✿ 강점을 키우며 나를 믿는 힘을 키워요!
	3. 결국 성공하는 나	✿ "어차피 안 돼요."라며 쉽게 포기하는 아이들에게 꼭 필요한 수업 ✿ 성장 마인드셋을 배우며 나의 가능성을 펼쳐요.
4단원	1. 무인도 탈출! 협력이 필요해	✿ 배려하고 소통하며 협력하는 힘을 기르는 특별한 시간! ✿ 무인도 생존게임으로 '진짜 협력'의 가치를 느껴 봐요.
	2. 그 소문 진짜일까	✿ 선생님, 뒷담화가 이렇게 무서운 거였어요? ✿ 뒷담화와 학교폭력 예방, 이 수업 하나로 충분해요!
5단원	1. 마음을 연결하는 공감	✿ 자기중심적인 아이에게 꼭 필요한 공감 수업 ✿ 듣기-이해-반응, 공감의 3단계를 몸으로 익혀요.
	2. 대화의 비밀: 소통의 6가지 열쇠	✿ 대화가 어려운 아이를 위한 맞춤형 사회성 수업 ✿ 실전에서 바로 써먹는, 구체적인 소통법을 배워요.
	3. 부드럽게 거절하는 방법	✿ "싫어."도, 거절을 받아들이는 것도 연습이 필요해요. ✿ 관계가 서툰 아이들을 위한 소통 수업
6단원	1. 올빼미라면 뭐라고 말할까?	✿ 내 갈등 해결 스타일을 알아보는 재미있는 자가 진단! ✿ 역할극으로 배우는 현명한 갈등 해결 전략!
	2. 비밀 레시피가 알려 주는 용서의 힘	✿ 레몬티 활동으로 알아보는 '진짜 용서'의 의미! ✿ 마음을 돌보고 관계를 회복하는 용서의 연습!

제1부

저학년

1

내 마음을 이해하고 표현해요

1차시	내 몸이 보내는 감정 신호	✰ 감정이 뭐예요? 묻는 아이들에게 알려 주세요. ✰ 감정 단어를 온몸으로 배우는 가장 재미있는 수업
2차시	내 마음, 이렇게 말해요!	✰ 일단 화부터 내는 아이들에게 필수! ✰ 교실 싸움을 반으로 줄어들게 하는 마법의 표현을 배워요.

1차시 내 몸이 보내는 감정 신호

자기인식	자기관리	관계인식	관계관리	공동체 가치 인식 및 관리	정신건강 인식 및 관리
○		○			

학습 목표

- 내가 느끼는 감정을 떠올리고, 그 감정이 몸에 어떻게 나타나는지 그림(또는 색)으로 표현해 볼 수 있다.
- 감정을 몸짓과 표정으로 표현하며, 사람마다 다른 표현을 할 수 있음을 알아볼 수 있다.

성취 기준 2022 개정 교육과정

[2바01-02] 나를 이해하고 존중하며 생활한다.

[2슬01-02] 나를 탐색하여 나에 대해 설명한다.

[2즐01-02] 놀이하며 내 몸의 움직임이나 감각을 느낀다.

수업의 흐름

도입 마음 날씨로 감정 이해하기 ▶ **활동1** 내 몸의 감정 지도 ▶ **활동2** 우리 마음 텔레파시 게임 ▶ **정리** 내용 정리 및 오늘의 문장 필사하기

평가 계획

상	내 감정이 몸으로 어떻게 나타나는지 구체적(예: 얼굴 · 가슴 · 어깨 등)으로 표현하고, 그림이나 색깔로 또렷하게 나타낸다. 친구들이 표현한 감정을 적극적으로 알아보고, 감정을 맞힐 수 있다.
중	내 감정이 몸으로 나타나는 모습을 간단히 색칠하거나 그림으로 표현한다. 친구들의 감정 표현을 들으면서 어느 정도 이해하지만, 감정의 세부적인 차이나 특징을 명확하게 구분하지 못한다.
하	내 감정이나 몸으로 나타나는 변화를 표현하는 데 어려움을 느끼며, 활동에 소극적으로 참여한다. 친구들의 감정 표현을 이해하거나 공감하는 모습이 부족하고, 활동에 적극적으로 참여하지 않는다.

활동 순서와 방법

도입

마음 날씨로 감정 이해하기

- 감정을 마음속 날씨에 비유해 쉽게 이해하고, 감정이 몸에 나타나는 모습을 살펴보며 오늘의 수업을 소개합니다.

"여러분, 마음에도 날씨가 있다는 거 알고 있나요?
기쁠 땐 마음에 햇살이 비치고, 슬플 땐 눈물 비가 내리고,
화가 나면 마음에 천둥이 치기도 해요.

이렇게 감정은 마음에서 느끼는 날씨 같은 거예요.
그리고 감정이 생기면 몸에서도 신호가 나타나요.
오늘은 여러분의 마음 날씨가 몸에 어떻게 나타나는지 알아보고,
여러분만의 감정 지도도 함께 만들어 볼 거예요!"

활동1

내 몸의 감정 지도

준비물 활동지 1-1

1 감정 단어와 신체 반응 연결하기

- 학생들이 일상에서 자주 느끼는 감정(기쁨, 슬픔, 화남 등)을 떠올리도록 유도합니다.
- 각 감정이 몸의 다양한 부위에서 어떻게 나타나는지 간단한 예시를 제시합니다.

예 기쁠 때: "가슴이 따뜻하고 얼굴에 웃음이 나요."
화날 때: "얼굴이 빨개지고 주먹을 꽉 쥐게 돼요."
슬플 때: "눈물이 나고, 어깨가 처지거나, 목소리도 잘 안 나오는 느낌이 들어요."

Tip **다음과 같은 질문으로 감정 단어와 신체 반응을 연결할 수 있도록 도와주세요.**

✓ "기쁠 때 혹시 가슴이 두근거리거나 얼굴이 뜨거워진 적 있나요?"
✓ "긴장될 때 배가 아프거나, 손에 땀이 났던 적은 없나요?"
✓ "화가 날 때 주먹이 꽉 쥐어지거나, 어깨가 딱딱해진 적 있나요?"

2 나의 감정 지도 만들기

- 활동지를 바탕으로, 내가 최근에 많이 느낀 감정 1가지를 선택하고, 감정이 몸의 어떤 부위에서 어떻게 느껴지는지 색칠하거나 간단한 그림으로 표현합니다.
- 색깔로 강도(예: 진한 빨강=매우 강함, 연한 빨강=조금 강함 등)를 나타낼 수 있습니다.

기쁠 때 가슴이 따뜻하고, 몸이 가벼워져서 둥둥 뜨는 것 같아요. 꽃이 피어난 것처럼 마음도 활짝 펴져요.

화날 때 얼굴이 빨개지고, 가슴이 벌렁벌렁 뛰고, 손이랑 몸에 불이 난 것처럼 뜨거워져요.

3 친구들과 감정 지도 공유하기

- 완성된 감정 지도를 친구들과 나누며, "나는 화날 때 손이 떨려!" "나는 슬플 때 목이 메었어."처럼 서로의 신체 표현을 비교해 봅니다.

활동2

우리 마음 텔레파시 게임

1 역할 정하기

- 각 모둠에서 1명을 술래로 선정하고, 나머지 학생들은 감정을 표현하는 역할을 합니다.
- 이때, 술래는 다른 학생들이 표현하는 감정을 맞히는 역할을 담당합니다.
- 술래는 모둠에서 약간 떨어진 곳에 서서 학생들의 감정을 관찰할 준비를 합니다.

예

1모둠	기쁘다 / 무섭다/ 피곤하다
2모둠	슬프다 / 화나다 / 불안하다
3모둠	행복하다/ 놀라다/ 속상하다
4모둠	기쁘다/ 슬프다/ 답답하다
5모둠	화나다/ 놀라다/ 피곤하다
6모둠	행복하다/ 불안하다/ 속상하다

Tip

✓ 활동을 시작하기 전, 아이들이 자리에 앉은 채로 제시된 감정을 하나씩 따라 해 보도록 도와주세요. 표정과 몸짓을 미리 익혀 두면, 게임에 자연스럽게 참여할 수 있습니다.

2 감정 표현하기

- 선생님이 모둠원들에게만 감정 단어를 조용히 보여 줍니다.

  예 "화나다."
- 모둠원들은 동시에 같은 감정을 각자 다른 몸짓과 표정으로 표현합니다.

3 술래가 감정 맞히기

- 술래는 친구들이 표현한 몸짓과 표정을 보고 감정이 무엇인지 맞혀 봅니다.
- 제한 시간 안에 가장 많이 정답을 맞힌 팀이 승리합니다.

Tip

✓ 모든 학생이 똑같은 방식으로 감정을 표현하지 않도록 다양한 예시를 미리 알려 주세요.

예 슬픔: "고개를 떨군다." "어깨가 축 처진다." "한숨을 쉰다." 등

화남: "주먹을 꼭 쥔다." "얼굴을 붉힌다." "발을 동동 구른다." 등

✓ 정답을 맞히지 못했을 때는 이렇게 이야기해 주세요.

"텔레파시가 조금 헷갈렸나 봐요! 친구들이 왜 그렇게 표현했는지 이야기해 볼까요? 왜 그렇게 표현했는지 설명해 줄 수 있겠어요?"

정리

내용 정리 및 오늘의 문장 필사하기

1. 감정 표현의 중요성을 정리하고 소감을 나눕니다.
2. 활동한 내용을 기억하며 오늘의 문장을 필사합니다.
3. 감정을 표현하는 연습을 일상에서 실천해 봅니다.

오늘의 문장 **내 마음이 보내는 감정 신호를 잘 느껴요.**

가정통신문 자료 다운로드

우리 가족과 함께 감정 신호 나누기

1. 목표

가족과 함께 감정을 표현하고 나누며, 감정 신호를 이해합니다.

2. 활동 방법

1) 하루에 감정 단어 하나 정하기

가족과 함께 하루 동안 느낀 감정 단어를 하나 정합니다.

예 기쁨, 슬픔, 화남 등

2) 감정에 따른 신체 신호 표현하기

해당 감정을 느꼈을 때, 몸에서 나타나는 변화에 대해 이야기를 나눕니다.

그 감정을 그림이나 몸짓으로 표현하며, 서로 무엇이 비슷하고 다른지 이야기해 봅니다.

활동지 1-1 저

내 몸의 감정 지도

____학년 ____반 이름:__________

최근에 내가 가장 자주 느낀 감정 한 가지를 선택해 주세요.

기쁨	화남	슬픔	불안	놀람

이 감정을 느낄 때 몸은 어떻게 달라졌나요? 다음을 참고해서 그림으로 표현해 보세요.

예 화날 때: 얼굴이 빨개져요, 주먹을 꽉 쥐어요, 심장이 쿵쾅거려요!

- 얼굴이 빨개져요.
- 손에 땀이 나요.
- 머리가 아파요.
- 심장이 두근두근 빨리 뛰어요.
- 배가 아파요.
- 눈물이 나요.
- 웃음이 나요.
- 주먹을 꽉 쥐어요.
- 몸이 축 처져요.

♥ 감정 단어:

- 이 감정을 느낄 때, 내 표정은 어땠나요?

- 내 몸에서는 어떤 변화가 일어났나요? 그림으로 표현해 보세요.

가정에서 함께하는 사회정서활동 안내

- 우리 가족과 함께 감정 신호를 나눠요!

학부모님께

안녕하세요? 항상 우리 학생들의 성장과 학습을 응원해 주셔서 감사합니다. 우리 반에서는 학생들이 감정을 잘 표현하고 이해할 수 있도록 돕는 사회정서수업을 진행하고 있습니다. 이번 주 저희 반에서 진행한 '내 몸이 보내는 감정 신호' 수업 내용을 안내하고 가정에서도 실천하실 수 있는 내용을 소개해 드리고자 합니다.

1. 교실에서 어떤 활동을 했나요?

오늘 교실에서는 '내 몸의 감정 지도' 활동을 진행했습니다. 학생들은 기쁨, 슬픔, 화남 등 다양한 감정을 배우고, 각 감정이 몸에서 어떻게 나타나는지 색깔과 그림으로 표현해 보았습니다. 또한 감정이 신체에 주는 영향을 게임을 통해 알아보고, 자신의 감정을 시각적으로 표현하며 감정과 신체 반응의 관계를 배우는 시간을 가졌습니다.

2. 이 활동이 왜 중요한가요?

감정은 우리 몸과 마음이 보내는 중요한 신호입니다. 자신의 감정을 잘 이해하고 표현하는 경험은 자기 존중감과 감정 조절 능력을 키우는 데 도움이 됩니다. 또한 친구들의 감정을 이해하고 공감하는 능력도 함께 성장할 수 있습니다.

3. 가정에서 함께 해 보면 좋은 활동은 무엇인가요?

학생들이 배운 내용을 일상에서도 자연스럽게 적용할 수 있도록, 가정에서 함께 감정 표현 활동을 해 보시면 좋겠습니다. 첨부한 워크북을 활용하여 가족과 감정을 나누는 시간을 가져 보세요.

이 활동을 통해 아이들이 자신의 감정을 더 잘 이해하고 표현할 수 있도록 도와주세요.
가정에서도 감정을 이야기하는 시간이 더욱 자연스럽게 자리 잡길 바랍니다.
항상 아이들의 성장을 응원해 주셔서 감사합니다.

담임 선생님 드림

★ 이번 장에서 제공된 가정통신문 예시는 학생들과의 활동을 가정에서도 자연스럽게 이어 갈 수 있도록 돕기 위한 자료입니다. 가정통신문 자료는 책날개에 있는 QR코드를 통해 다운로드하실 수 있습니다.

우리 가족 감정 스무고개(워크북)

1. 오늘 하루 동안 내가 느낀 감정은?

- 오늘 하루 동안 내가 느낀 감정 중 하나를 골라 보세요(예 기쁨, 슬픔, 화남 등).
- 가족들도 오늘 느낀 감정을 함께 적어 봅니다.

가족 구성원	감정
예 나	기쁨

2. 이 감정을 느낄 때, 내 몸은 어떻게 반응했나요?

- 감정을 느낄 때 몸에서 나타난 변화를 적어 보세요.

가족 구성원	내 몸의 변화
예 나	가슴이 두근거리고, 얼굴에 미소가 번졌어요.

3. 서로의 감정 신호 비교해 보기

- 가족과 비슷한 감정을 느낀 적이 있나요?
- 같은 감정을 느꼈을 때, 서로의 반응은 어떻게 비슷하거나 달랐나요?

함께 대화해 보세요!

- 어떤 점이 비슷했나요?
- 어떤 점이 달랐나요?
- 가족이 감정을 다르게 표현했을 때, 이해하기 쉬웠나요? 어려웠나요?

4. 활동을 마치며 - 소감 나누기

- 이번 활동을 해 보니 어떤 느낌이 들었나요?
- 가족들과 감정 신호를 나누면서 새롭게 알게 된 점이 있나요?

2차시 내 마음, 이렇게 말해요!

자기인식	자기관리	관계인식	관계관리	공동체 가치 인식 및 관리	정신건강 인식 및 관리
○		○	○		

학습 목표

- '마음이요' 표현법을 사용하여, 상황에 맞게 감정을 말로 표현할 수 있다.
- 갈등 상황에서 내 마음을 차분하게 말하는 방법을 실천할 수 있다.

성취 기준 2022 개정 교육과정

[2바01-02] 나를 이해하고 존중하며 생활한다.

[2국01-02] 바르고 고운 말로 서로의 감정을 나누며 듣고 말한다.

[2슬01-02] 나를 탐색하여 나에 대해 설명한다.

수업의 흐름

도입 역할 연기로 흥미 유발하기 ▶ **활동1** '마음이요' 배우기 ▶ **활동2** 감정 표현! 내가 도와줄게 ▶ **정리** 내용 정리 및 오늘의 문장 필사하기

평가 계획

상	마음, 이유, 요청을 포함한 완성된 편지 내용이 모두 적절하며, 감정을 이해하고 상황에 맞는 건강한 표현과 조언이 구체적으로 담겨 있다.
중	마음과 이유는 표현했지만, 요청이 빠져 있거나 조언의 내용이 다소 부족하다.
하	마음, 이유, 요청 중 한두 가지 요소만 표현되었거나 문장이 미완성되어 내용 전달이 충분하지 않다.

활동 순서와 방법

도입

역할 연기로 흥미 유발하기

- 같은 상황에서도 감정 표현 방식에 따라 결과가 달라질 수 있음을 이해하고, 오늘의 수업을 소개합니다.

"오늘은 선생님이 재미있는 연기를 보여 줄게요! 선생님이 같은 상황에서 두 친구가 어떻게 다르게 이야기하는지 보여 줄 거예요. 어떤 표현을 했을 때 서로의 기분이 상하지 않는지 확인해 봅시다!"

상황: 친구가 내 장난감을 망가뜨렸을 때

첫 번째 표현(부정적인 표현)	두 번째 표현(긍정적인 표현)
[교사가 화난 표정으로 학생 연기하기] • "너 왜 이렇게 막 다뤘어? 정말 나빴다!" • 친구가 화를 내며 "내가 일부러 그런 것도 아닌데!"라고 대답 → 결국 두 친구가 다툼.	[교사가 차분한 목소리로 학생 연기하기] • "내가 아끼는 장난감인데…… 망가져서 속상해. 다음엔 조심히 다뤄 주면 좋겠어!" • 친구가 "미안해. 앞으로 조심할게!"라고 대답 → 두 친구가 화해하며 관계가 회복됨.

"이처럼 우리가 감정을 어떻게 표현하느냐에 따라 결과가 달라질 수 있어요. 오늘은 우리의 감정을 건강하게 표현할 수 있는지 알아볼 거예요!"

활동1

내 마음을 표현하는 3단계 배우기

1 '마음이요' 3단계 배우기

- 감정을 표현하는 방법 익히기
  ① 마음: 내 마음을 솔직하게 말해요(사실 나는 ~).
  예 '사실 나 너무 속상했어.'
  ② 이유: 왜 그런 마음이 들었는지 말해요(왜냐하면~).
  예 '왜냐하면 그건 내가 아끼는 장난감이었거든.'
  ③ 요청: 상대에게 바라는 점을 말해요(앞으로는/다음에는~).
  예 '앞으로는 조심해 줄 수 있어?'

2 예시로 배우기

- 두 가지 표현 비교하기 〈상황: 친구가 내 책을 찢었을 때〉
  ① 부정적인 표현: "너 왜 내 책 찢었어? 정말 나쁘다!"
  ② '마음이요' 표현: "사실 나 진짜 속상했어, 왜냐하면 이 책은 내가 아끼는 책이거든. 다음에는 조심해 줘, 알겠지?"
- 질문 던지기: "두 가지 중 어떤 표현이 더 좋은 느낌이 드나요? 왜 그럴까요?"

3 '마음이요' 연습하기

- 직접 연습해 보기
  ① 선생님이 상황을 제시합니다.
  ② 학생들이 '마음' '이유' '요청' 세 가지 단계로 문장을 함께 완성해 봅니다.
- 상황 1: 친구가 놀이 시간에 내가 하고 싶었던 놀이를 선택하지 않았을 때

  "사실 나는 서운했어. (마음)

  왜냐하면 나도 그 놀이를 정말 하고 싶었거든. (이유)

  다음에는 내 의견도 한번 물어봐 주면 좋겠어! (요청)"
- 상황 2: 친구가 내 그림을 비웃었을 때

  "사실 나는 속상했어. (마음)

  왜냐하면 내가 열심히 그린 그림인데 네가 비웃는 것처럼 느껴졌거든. (이유)

  다음에는 놀리지 않고 그냥 조용히 봐 줬으면 좋겠어! (요청)"

Tip ✓ 학생들이 떠올리기 어려워한다면 "만약 나라면 어떤 마음이 들었을까?" "친구에게 어떻게 말하면 내 마음이 더 잘 전달될까?" 같은 질문을 던지며 스스로 생각해 볼 수 있도록 도와주세요.

활동2

감정 표현! 내가 도와줄게

준비물 활동지 1–2

1 갈등 상황 읽기

- 아래의 갈등 상황을 PPT를 활용해 학생들에게 들려줍니다.

"하윤이는 새로 산 예쁜 지우개를 아끼면서 사용하고 있었어요. 그런데 수업 시간에 지훈이가 실수로 하윤이의 지우개를 바닥에 떨어뜨렸어요. 지우개가 반으로 쪼개졌는데, 지훈이는 아무렇지 않은 듯 한번 힐끗 보더니 그냥 자기 자리에 앉아 버렸어요.
하윤이는 너무 속상한 나머지 지훈이에게 '야! 이거 망가졌잖아!'라고 소리쳤어요. 그러자 지훈이는 깜짝 놀라더니 '내가 일부러 그런 것도 아니잖아! 왜 나한테 화를 내?'라며 도리어 화를 냈어요. 둘은 기분이 나빠져서 서로 말을 하지 않게 되었어요."

- 학생들은 활동지를 보고, 주인공의 감정을 떠올리며 빈칸을 채워 봅니다.
  - 하윤이의 마음은 (속상하고 서운했어요).
  - 왜냐하면 (소중히 여기던 새 지우개가 망가졌기) 때문이에요.

2 편지 쓰기 ('마음이요' 표현법 활용하기)

- 학생들은 갈등 상황 속 주인공인 하윤이에게 '마음이요' 3단계를 알려 주는 편지를 씁니다.
  - 주인공 하윤이의 마음을 먼저 공감합니다.
  - 감정을 더 건강하게 표현하는 3단계 방법인 '마음이요(마음–이유–요청)'를 알려 주는 내용을 작성합니다.

예 "하윤아, 네가 아끼던 지우개가 망가져서 정말 속상했을 것 같아.
그런데 화를 내며 말하면, 친구도 기분이 나빠져서 네 마음을 잘 알아주지 못할 수도 있어. 다음번에는 이렇게 말해 보는 건 어때?
'사실 나는 너무 속상했어……. 왜냐하면 그 지우개는 내가 아끼는 거였거든. 앞으로는 더 조심해 줬으면 좋겠어.'
이렇게 말하면 친구가 네 마음을 더 잘 이해해 줄 거야!"

3 편지 내용 발표하기

- 선생님이 학생들의 편지를 읽어 주며, 감정을 건강하게 표현하는 방법을 정리합니다.

정리

내용 정리 및 오늘의 문장 필사하기

1. 감정을 솔직하게 표현하는 것이 내 마음을 돌보고 좋은 관계를 만드는 데 도움이 됨을 정리하고 소감을 나눕니다.
2. 활동한 내용을 기억하며 오늘의 문장을 필사합니다.
3. 배운 감정 표현 방법을 일상에서 실천해 봅니다.

오늘의 문장 내 마음을 건강하게 표현해서 친구와 사이좋게 지내요.

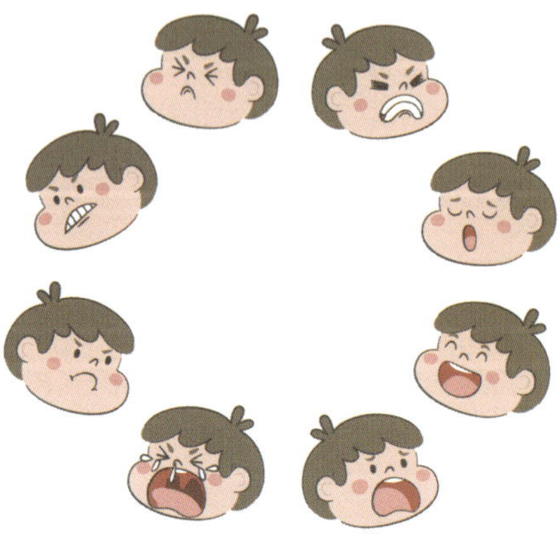

가정연계활동

가정통신문 자료
다운로드

우리 가족의 '마음이요'

1. 목표

가족과 함께 감정을 나누며 서로의 감정을 이해하고 건강하게 소통하는 기회를 만듭니다.

2. 활동 방법

1) 오늘의 감정 이야기를 나눕니다.

가족 모두가 오늘 느낀 감정을 돌아보고, '마음이요'로 표현합니다.

예 "사실 나는 행복했어요. 왜냐하면 가족과 저녁을 함께 먹었기 때문이에요. 앞으로도 나는 이런 시간이 더 많아졌으면 좋겠어요."

2) 감정을 서로 공감합니다.

각자의 감정을 들은 후, 가족들이 그 감정에 대해 공감하는 말을 나눕니다.

예 "네가 그렇게 느꼈다니 정말 소중한 시간이었나 보구나."

활동지 1-2 저

감정 표현! 내가 도와줄게

___학년 ___반 이름:__________

1. 선생님이 들려주는 상황을 읽어 보고 다음의 빈칸을 채워 주세요.

하윤이의 마음은 ______________________.

왜냐하면 ______________________________ 때문이에요.

2. 하윤이가 더 건강하게 감정을 표현할 수 있도록 '마음이요' 방법을 알려 주는 편지를 써 보세요!

편지에 어떤 내용을 써야 할까요?

- ☑ 하윤이의 감정을 먼저 알아주기
- ☑ 감정을 전달하는 더 좋은 방법이 있다는 것을 알려 주기
- ☑ 마음이요 표현법을 사용하여 예시 문장 알려 주기

2

내 마음을 조절하고 돌봐요

1차시 생각 몬스터 물리치기
- 감정에 휘둘리는 아이들을 위한 수업
- 부정적인 생각을 긍정으로 바꾸는 힘을 길러요.

2차시 숨을 쉬면, 내 몸이 편안해져요
- 긴장과 불안을 가라앉히는 호흡법을 배워요.
- 호흡하는 법만 바꿔도 감정 조절이 가능해요!

3차시 내 안의 공룡 돌보기
- 화가 폭발하는 아이들에게 필요한 수업
- 내 안의 공룡과 사이좋게 지내는 법을 배워요.

1차시 생각 몬스터 물리치기

자기인식	자기관리	관계인식	관계관리	공동체 가치 인식 및 관리	정신건강 인식 및 관리
○	○				

학습 목표

- 생각이 감정과 행동에 미치는 영향을 말할 수 있다.
- 부정적인 감정을 긍정적인 생각으로 조절할 수 있다.

성취 기준 2022 개정 교육과정

[2국01-02] 바르고 고운말로 서로의 감정을 나누며 듣고 말한다.

[2국01-04] 자신의 경험이나 생각을 바른 자세로 발표한다.

[2국06-02] 일상의 경험과 생각을 글과 그림으로 표현한다.

[2바01-02] 나를 이해하고 존중하며 생활한다.

[2슬01-02] 나를 탐색하며 나에 대해 설명한다.

수업의 흐름

도입: 생각 몬스터 이야기 ▶ 활동1: 생각 몬스터 찾기 ▶ 활동2: 생각 몬스터 물리치기 ▶ 정리: 내용 정리 및 오늘의 문장 필사하기

평가 계획

상	생각이 감정과 행동에 미치는 영향을 정확히 설명하고, 부정적인 감정을 긍정적인 생각하기를 통해 감정을 조절할 수 있다.
중	생각이 감정과 행동에 미치는 영향을 말할 수 있고, 부정적인 감정을 조절할 수 있다.
하	생각이 감정과 행동에 미치는 영향을 이해하려고 노력하며 다른 사람의 도움을 받아 부정적인 감정을 긍정적으로 바꿀 수 있다.

활동 순서와 방법

도입

생각 몬스터 이야기

1 이야기로 시작하기

- 생각 몬스터 이야기로 감정, 생각, 행동이 연결된 것을 확인하고 흥미를 유발합니다.

"우리 머릿속에는 생각 몬스터가 살고 있어요. 이 몬스터는 가끔 속상한 생각을 속삭이기도 해요. 예를 들어 수학 문제를 틀렸을 때, 생각 몬스터가 '난 진짜 못해. 난 바보야.' 하고 말해요. 그러면 내 감정은 속상하고 창피해지고, 수학 문제는 더 이상 풀고 싶지 않고, 손 들기도 싫어져요."

2 오늘의 수업 안내하기

"우리 생각, 감정, 행동은 모두 이어져 있어서, 생각 몬스터가 어떤 말을 하는지에 따라 내 감정과 행동도 달라질 수 있어요. 오늘은 내 생각 몬스터를 찾아보고 그 몬스터를 이길 수 있는 멋진 생각도 함께 찾아볼 거예요!"

활동1

내 생각 몬스터 찾기

준비물 활동지 2-1, 색칠도구

1 나타나라 내 생각 몬스터!

- 선생님이 PPT로 부정적인 감정일 때 나타나는 생각 몬스터 예시를 소개합니다.
- 학생들은 활동지에 자신만의 생각 몬스터를 자유롭게 그림으로 표현합니다.

예 - 생각 몬스터 이름은 무엇인가요? 뱅글뱅글몬
- 생각 몬스터는 어떤 감정일 때 나타나나요? 짜증 나고, 화날 때
- 생각 몬스터는 언제 나타나나요? 친구랑 싸웠을 때
- 생각 몬스터가 내게 속삭이는 말은 무엇인가요? "저 친구는 나를 미워해."
- 생각 몬스터가 나타날 때 하는 행동은? 엎드려요. 울어요.

- 몬스터의 이름, 몬스터가 나타날 때 감정, 생각, 행동 등을 생각해 활동지를 완성합니다.

Tip ✓ 학생들이 몬스터 생김새를 나타내기 어려워하면, 몬스터이기 때문에 이상해도 괜찮다고 격려해 주세요.

2 생각 몬스터 소개하기

- 완성한 활동지를 공유하며 자신의 생각 몬스터를 발표합니다.

활동2 긍정의 힘으로 생각 몬스터 물리치기

준비물 활동지 2-1, 포스트잇, 색칠도구

1 파워업 카드 만들기

- 긍정적인 생각으로 감정을 조절하는 방법을 학습합니다.
- 학생들은 활동지에 적힌 긍정적인 생각 중 마음에 드는 생각 하나를 골라 포스트잇에 적고 예쁘게 꾸밉니다.

  예 "나는 소중한 사람이야." "틀려도 괜찮아." "나는 나를 믿어." "나도 잘하는 것이 있어." "나는 할 수 있어." "나는 내 모습이 마음에 들어." "나를 좋아하는 친구가 있어." 등

2 생각 몬스터 물리치기

- 활동 1 예시에서 활용한 생각 몬스터를 PPT 화면에 제시합니다.
- 학생들은 자신이 쓴 파워업 카드(포스트잇)를 자신감 있게 발표하며 화면에 붙입니다.
- 포스트잇이 점점 많아지면 몬스터가 점점 가려지고 작아집니다.

"우리의 긍정적인 생각들이 모여서 생각 몬스터를 물리쳤어요! 내가 짜증 나고 화나고 기분이 좋지 않을 때 생각 몬스터가 찾아와 내게 힘든 생각을 속삭일 수 있어요. 그때 지금처럼 긍정적으로 생각하면 나의 나쁜 감정들도 물리칠 수 있을 거예요."

Tip ✓ 활동 1 진행 후 칠판에 활동지를 붙여 자기 몬스터를 스스로 물리칠 수 있도록 할 수 있어요.

정리

내용 정리 및 오늘의 문장 필사하기

1. 생각이 감정과 행동에 영향을 미친다는 것을 다시 한번 정리하고 소감을 나눕니다.
2. 활동한 내용을 기억하며 오늘의 문장을 필사합니다.
3. 부정적인 감정을 긍정적 생각으로 조절하는 연습을 일상에서 실천해 봅니다.

오늘의 문장 나는 긍정적인 생각으로 즐겁고 행복해져요.

가정통신문 자료 다운로드

생각 뒤집기 게임

1. 목표

같은 상황에서도 생각을 긍정적으로 바꾸어 감정을 조절하는 연습을 합니다.

2. 활동 방법

1) 가족 중 한 명이 하루 동안 있었던 일 중 하나를 말합니다.

예 "오늘 급식에서 내가 좋아하는 반찬이 없어서 화가 났어."

2) 나머지 구성원이 그 상황에서 할 수 있는 다른 생각을 한 가지씩 말합니다.

예 엄마: "그래도 다른 메뉴는 맛있었을 수도 있잖아!"

아빠: "다음에 더 맛있는 급식이 나올 거야!"

3) 가장 기분이 좋아지는 생각을 고르고, 그 생각을 말한 사람이 포인트를 얻습니다.

여러 번 진행 후 가장 높은 점수를 구성원이 승리합니다.

활동지 2-1 저

생각 몬스터 물리치기

___학년 ___반 이름:__________

1. 내 생각 몬스터 찾기

– 내가 속상할 때 나타나는 '내 생각 몬스터'를 자유롭게 나타내고 소개해 보아요.

몬스터 이름:

- 생각 몬스터는 어떤 감정일 때 나타나나요?

  예 화가 날 때

- 생각 몬스터는 언제 나타나나요?

  예 친구랑 싸웠을 때

- 생각 몬스터가 내게 속삭이는 말은 무엇인가요?

  예 친구가 나를 미워하는 거야.

- 생각 몬스터가 나타나면 어떤 행동을 하나요?

  예 엎드려요.

2. 파워업카드 만들기

– 다음 긍정적인 생각 중 마음에 드는 생각 하나를 골라 포스트잇에 적고 예쁘게 꾸며 보아요.

"나는 할 수 있어!"
"나는 소중한 사람이야."
"틀려도 괜찮아."
"다시 해 보면 돼!"
"나도 잘하는 것이 있어."
"지금은 어렵지만, 해낼 수 있어."
"나는 내 모습이 마음에 들어."
"나는 나를 믿어."

2차시 숨을 쉬면, 내 몸이 편안해져요

자기인식	자기관리	관계인식	관계관리	공동체 가치 인식 및 관리	정신건강 인식 및 관리
○	○				○

학습 목표

- 올바른 호흡법을 통해 몸과 마음을 이완할 수 있다.
- 바디스캔을 통해 내 몸의 감각을 알아차릴 수 있다.
- 부정적인 신체 감각이 느껴질 때 올바른 호흡법을 통해 신체를 이완할 수 있다.

성취 기준 2022 개정 교육과정

[2즐01-02] 놀이하며 내 몸의 움직임이나 감각을 느낀다.

[2즐03-01] 하루를 건강하고 활기차게 지낸다.

수업의 흐름

도입 호흡의 중요성 소개하기 ▶ **활동1** 올바른 호흡법 연습하기 ▶ **활동2** 바디스캔 실습하기 ▶ **정리** 내용 정리 및 오늘의 문장 필사하기

평가 계획

상	올바른 호흡법을 통해 몸과 마음을 이완하는 법을 실천할 수 있다. 바디스캔을 통해 신체 감각을 알아차리고 표현할 수 있다.
중	올바른 호흡법을 통해 몸과 마음을 이완하는 법을 실천할 수 있다. 바디스캔을 통해 신체 감각을 알아차릴 수 있지만, 표현하는 데 한계가 있다.
하	올바른 호흡법을 통해 몸과 마음을 이완하는 법을 실천할 수 있지만, 바디스캔을 통해 신체 감각을 알아차리거나 표현하는 데 한계가 있다.

활동 순서와 방법

도입

호흡의 중요성 소개하기

1 호흡의 중요성을 소개하며 오늘의 수업을 안내합니다.

- "오늘 수업에 들어가기에 앞서 ○/× 퀴즈를 함께 해 볼 거예요."

Q. 기분에 따라 내가 숨 쉬는 게 달라진다?

정답은 ○예요. 화가 나거나 무서울 때는 숨이 빨라지고 얕아져요. 마치 우리가 달리기를 할 때처럼요. 반대로, 기쁘거나 편안할 때는 숨이 천천히 깊게 들어가요.

Q. 화가 나거나 눈물이 날 때, 천천히 깊게 호흡하면 내 마음이 편안해진다?

정답은 ○예요.

- 그럼 우리도 한번 실험해 볼까요? 화가 날 때처럼 짧고 빠르게 숨을 쉬어 보세요. 그리고 기쁠 때처럼 깊고 천천히 숨을 쉬어 보세요. 어떻게 달라지는지 느껴 볼 수 있을 거예요.
- 우리의 호흡이 가빠지면 우리의 뇌는 내가 지금 화가 나거나 무섭다고 착각할 수도 있고, 우리의 호흡이 여유 있고 편안해지면 우리의 뇌는 내가 지금 평화롭다고 생각할 수 있어요. 이렇게 우리는 호흡을 통해 우리의 마음과 감정을 다스릴 수 있어요."

활동1

호흡법 연습하기

준비물 활동지 2-2

1 비유(벚꽃)를 활용해 숨을 들이마시고 내쉬는 법 연습하기

- 비유(벚꽃)를 활용하여 숨을 들이마시고 내쉬는 법을 연습합니다.
  - 들이마실 때: 손 위의 벚꽃의 향기를 맡듯이
  - 내쉴 때: 손 위의 벚꽃을 바람을 불어 날리듯이

2 구체적인 호흡법(4-4 호흡법) 연습하기

- 4-4 호흡법을 소개합니다.

4-4 호흡법
- 마음속으로 숫자 1부터 4까지 세면서 코로 숨을 들이쉬기
- 마음속으로 숫자 5부터 8까지 세면서 입으로 숨을 내쉬기
- 숨을 내쉴 때에는 입술을 오므리고 천천히 비눗방울 불듯이 내쉬기

Tip ✓ 학생들이 잘 따라 할 수 있도록 숫자를 선생님이 대신 세어 주세요.

3 평소와 다르게 의식하면서 호흡했을 때 느낀 점 공유하기

- 평소 호흡과 의식하면서 호흡했을 때의 공통점과 차이점을 함께 이야기하도록 합니다.

4 다양한 호흡법 실습하기

- 학생들이 올바른 호흡법을 일상에서 실천할 수 있도록 다양한 비유를 들어 소개합니다.
  예 파도 호흡법, 거북이 호흡법, 풍선 호흡법, 도형 호흡법
- 활동지 과제를 수행하며 제시된 다양한 호흡법을 실천할 수 있도록 합니다.

5 나만의 호흡법 카드 만들기

- 다양한 호흡법을 연습하면서 일상에서 실천하고 싶은 나만의 호흡법을 골라 카드를 만들 수 있도록 합니다.
- 호흡법 카드의 앞면에는 내가 고른 호흡법을 그림으로 표현하고, 뒷면에는 호흡법과 관련된 문구를 따라 쓰고 꾸밀 수 있도록 합니다.
- 완성한 호흡법 카드를 짝/조별로 함께 이야기 나누며 공유하도록 합니다.

Tip ✓ 활동 시간을 고려하여 활동지의 앞면/뒷면을 선택적으로 활용하여도 좋습니다.

활동2 바디스캔 실습하기

1 바디스캔의 개념 소개하기

- 바디와 스캐너의 개념을 저학년이 이해할 수 있도록 설명합니다.

단어 바디스캔은 영어 단어 '바디'와 '스캔'이 합쳐진 단어에요. 바디가 무슨 뜻인지 아는 친구 있나요? 맞아요. 바디는 몸을 뜻하는 단어예요. 그렇다면 스캐너가 무엇인지 아는 친구 있나요? 스캐너는 종이

위에 있는 그림이나 글자를 컴퓨터로 그대로 복사해서 볼 수 있게 해 주는 기계를 말해요. 오늘 우리는 바디스캐너가 되어서 내 몸을 스캔해 보는 작업을 할 거예요. 내 몸을 꼼꼼히 구석구석 살펴보면 내가 모르는 모습을 발견할 수 있답니다. 내 몸에서 편안한 감각이 느껴지는 곳은 어디인지, 불편한 감각이 느껴지는 곳은 어디인지 주의를 기울여 보면서 내 몸을 스캔해 보도록 해요.

2 실습하기

- 학생들은 편안한 자세를 취할 수 있도록 합니다.
- 선생님은 제공되는 바디스캔 스크립트를 학생들에게 읽어 줍니다.

바디스캔 스크립트

Tip
- ✓ 학생들의 주의집중력을 고려하여 선택적으로 신체 부위를 몇 가지만 선택하여 진행할 수도 있습니다.
- ✓ 차분한 음악을 배경음악으로 틀어 이완되는 환경을 제공하여도 좋습니다.

1. 여러분이 가장 편안하게 느끼는 자세를 취하고 눈을 감아 보세요.
2. 이제 호흡에 집중해 보세요. 숨을 들이마시고, 내쉬고. 호흡에 따라 내 몸이 움직이는 것을 느껴 보세요.
3. 준비가 되었다면, 이제 여러분의 발바닥과 발에 집중해 보세요. 나의 발과 발바닥에서 어떤 것이 느껴지는지 주의를 기울여 보세요.
4. 이번에는 여러분을 이곳저곳으로 데리고 다니는 다리, 발목 그리고 무릎에 어떤 느낌이 드는지 주의를 기울여 보세요.
5. 이제 여러분의 몸 위로 올라가 볼게요. 여러분의 배가 호흡에 따라 부풀었다 가라앉고 있을 거예요.
6. 이번에는 여러분의 양팔, 양손, 손가락에 집중해 보세요. 여러분이 만지고, 잡고, 다른 사람과 연결될 수 있도록 도와주는 팔과 손에선 지금 어떤 것이 느껴지나요?
7. 마지막으로, 여러분의 머리에 주의를 기울여 보세요. 머리 안에 있는 뇌가 어떤지 느껴 보세요. 이제 여러분의 눈, 입 그리고 턱 주위의 근육을 느껴 보세요.
8. 이렇게 우리 몸은 여러 신체 기관이 다양한 감각을 느끼면서 존재하고 있어요.
9. 바디스캔을 통해 알아차린 내 몸의 불편한 부분이 있다면 숨을 깊게 들이마시고 내쉬어서 깨끗한 숨이 그 부위까지 닿을 수 있도록, 내 몸을 편안하게 만들어 줄 수 있도록 호흡해 주세요.

- 바디스캔 활동을 마무리하며 앞에서 배운 올바른 호흡법을 통해 불편한 몸의 감각을 편안하게 만들어 줄 수 있음을 안내합니다.

정리

내용 정리 및 오늘의 문장 필사하기

1. 호흡의 중요성과 감정에 따라 신체 감각이 달라질 수 있음을 정리하고 소감을 나눕니다.
2. 활동한 내용을 기억하며 오늘의 문장을 필사합니다.
3. 올바른 호흡법에 대한 연습을 일상에서 실천해 봅니다.

오늘의 문장 **숨을 깊게 마시고 내쉬며 내 몸과 마음을 편안하게 해요.**

가정연계활동

가정통신문 자료 다운로드

사랑의 마사지

1. 목표

감정을 표현하고 나누는 과정에서 가족 간 소통을 강화하고, 마음의 신호를 이해하는 활동을 통해 감정 인식을 돕습니다.

2. 활동 방법

1) 하루 일과를 마치고 함께 바디스캔 진행하기

- 가족과 함께 누워 나의 신체 감각에서 느껴지는 반응을 확인합니다.
- 바디스캔은 신체의 하단에서 상단의 순서대로(발-종아리-무릎-허벅지-배-가슴-어깨-목-얼굴-뇌) 진행하면 됩니다.

2) 불편한 감각이 느껴지는 신체 부위를 서로 마사지하듯 어루만져 주기

- 바디스캔을 통해 불편한 감각이 느껴지는 신체 부위를 이야기합니다.
- 해당 부위를 서로 마사지하듯 어루만져 주는 시간을 갖습니다. 신체 접촉을 통해 학생들은 심리적인 위안을 얻을 수 있으며 가족 간의 관계도 더욱 돈독해질 수 있습니다.

활동지 2-2 저

숨을 쉬면 내 몸이 편안해져요

____학년 ____반 이름:____________

1. 다양한 호흡법과 함께 연습해 봐요.

파도 호흡법: 파도가 올라갈 때는 숨을 들이마시고, 내려갈 때는 숨을 내쉬어요.
다음 선을 따라 그리며 호흡법을 함께 연습해 봐요.

거북이 호흡법: 거북이처럼 천천히 숨을 들이마시고 내쉬어요.
거북이 등껍질을 하나씩 색칠하며 숨을 들이마시고, 내쉬어 보세요.
들이마실 땐 초록색, 내쉴 땐 연두색으로 색칠해 보세요.

활동지 2-2 저

숨을 쉬면 내 몸이 편안해져요

____학년 ____반 이름:__________

풍선 호흡법: 뱃속에 풍선이 있다고 상상해 보세요.
숨을 들이마실 땐 뱃속의 풍선이 커지고, 내쉴 땐 풍선이 작아져요.
들이마실 때와 내쉴 때의 풍선을 다른 색으로 칠하며 숨을 쉬어 보세요.

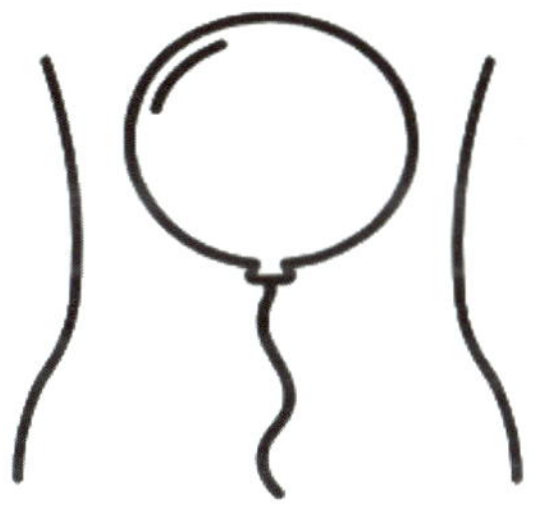

숨을 마실 때

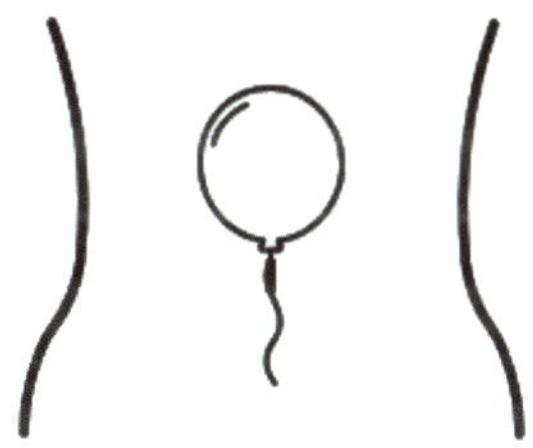

숨을 내쉴 때

도형 호흡법

도형의 선을 따라 그리며 1번엔 숨을 들이마시고, 2번엔 숨을 내쉬어 보세요.
3번엔 미소를 지어 보세요.

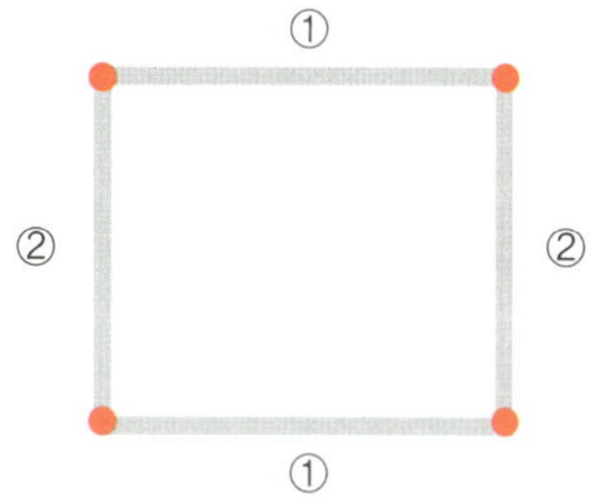

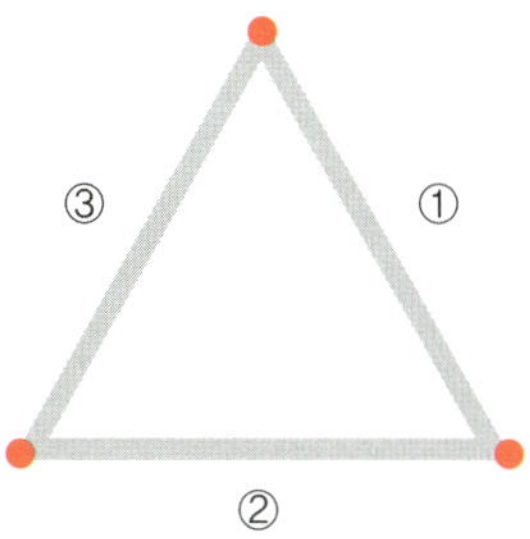

숨을 쉬면 내 몸이 편안해져요

____학년 ____반 이름:__________

〈조건〉
- 들이마시고, 내쉬는 과정이 포함되도록 해 주세요.
- 양면 인쇄하여 오리면 하나의 카드가 될 수 있도록 활용해 주세요.
- 시간을 고려하여 앞면/뒷면 중 하나만 선택하여 활용해도 좋아요.

2. 나만의 호흡 카드를 만들어 봐요.

지금까지 배운 호흡법 중 가장 마음에 드는 호흡법을 골라 나만의 호흡 카드를 만들어요.
앞면엔 나만의 호흡법을 그림으로, 뒷면엔 호흡 문구를 따라 써 봐요.
앞면과 뒷면을 모두 완성하면 오려서 나만의 호흡 카드로 사용할 수 있어요.

〈 __________ 의 호흡법〉

앞면

활동지 2-2 저

숨을 쉬면 내 몸이 편안해져요

___학년 ___반 이름:__________

〈조건〉
- 들이마시고, 내쉬는 과정이 포함되도록 해 주세요.
- 양면 인쇄하여 오리면 하나의 카드가 될 수 있도록 활용해 주세요.
- 시간을 고려하여 앞면/뒷면 중 하나만 선택하여 활용해도 좋아요.

2. 나만의 호흡 카드를 만들어 봐요.

지금까지 배운 호흡법 중 가장 마음에 드는 호흡법을 골라 나만의 호흡 카드를 만들어요.
앞면엔 나만의 호흡법을 그림으로, 뒷면엔 호흡 문구를 따라 써 봐요.
앞면과 뒷면을 모두 완성하면 오려서 나만의 호흡 카드로 사용할 수 있어요.

천천히 호흡을 하면,

나의 마음이 편안해져요.

숨을 후~하고 내쉴 때,

걱정도 함께 날아가요.

뒷면

3차시 내 안의 공룡 돌보기

자기인식	자기관리	관계인식	관계관리	공동체 가치 인식 및 관리	정신건강 인식 및 관리
○	○				

학습 목표

- 몸의 신호를 탐색하고, 나의 감정을 알아차릴 수 있다.
- 나만의 안전기지를 탐색하고, 안전기지를 통해 부정적인 감정을 올바르게 조절할 수 있다.

성취 기준 2022 개정 교육과정

[2즐03-01] 하루를 건강하고 활기차게 지낸다.

[2즐01-02] 놀이하며 내 몸의 움직임이나 감각을 느낀다.

수업의 흐름

도입 신체 활동 '공룡의 숨결 자세' ▶ **활동1** 내 안의 공룡 만나기 ▶ **활동2** 내 안의 공룡 산책시키기 ▶ **정리** 내용 정리 및 오늘의 문장 필사하기

평가 계획

수준	평가 기준
상	몸의 신호를 통해 부정적인 감정을 알아차릴 수 있으며, 부정적인 감정을 다스릴 수 있는 자신만의 방법을 계획하고, 일상 속에서 자신만의 방법을 통해 부정적인 감정을 다스릴 수 있다.
중	몸의 신호를 통해 부정적인 감정을 알아차리며, 부정적인 감정을 다스릴 수 있는 자신만의 방법은 계획할 수 있으나, 일상 속에서 실천하는 데에는 어려움이 있다.
하	몸의 신호를 통해 부정적인 감정을 알아차릴 수 있으나, 부정적인 감정을 다스리는 자신만의 방법을 떠올리는 데 어려움이 있으며, 일상 속에서 실천하는 데 한계가 있다.

활동 순서와 방법

도입

신체 활동 '공룡의 숨결 자세'

1 신체 활동 '공룡의 숨결 자세' 안내하기

"우리의 마음속에는 공룡이 살고 있어요. 지금부터 선생님이 공룡의 모습을 자세히 이야기 해 줄테니 우리 친구들도 선생님의 이야기를 듣고 공룡의 모습을 함께 따라 해 봐요. 공룡의 자세를 따라 하면서 이 공룡이 지금 어떤 감정을 느끼고 있는지 한번 맞혀보세요."

1. 골반 너비로 발을 벌리고 서서 불을 내뿜는 공룡을 상상해 보세요. 가슴 위로 팔을 들고, 손가락을 구부려서 공룡의 발톱처럼 만들어 보세요.
2. 이제 숨을 빠르게 깊이 들이쉬고 내쉬면서 입을 크게 벌리고, 숨을 너무 빠르게 쉬어서 얼굴이 빨개지도록요.
3. 숨을 빠르게 들이마시고 내쉬면서 공룡이 포효하는 것처럼 크게 소리 내 보세요.
4. 공룡처럼 숨을 내쉬면서 어떤 기분이 들었는지 생각해 보세요.

여러분이 숨을 내쉬고 공룡처럼 행동했을 때 몸에서는 어떤 반응이 있었나요?

2 오늘의 수업 안내하기

"이렇듯 감정에 따라 나의 신체가 변화하기도 하고, 반대로 나의 신체 반응으로 나의 감정이 변화하기도 해요. 오늘은 내 마음속의 공룡을 잘 다스리며 살아가는 방법을 알아볼 거예요.

활동1

내 안의 공룡 만나기

준비물 활동지 2-3, 색칠도구

1 활동 준비하기

- 선생님은 학생들에게 활동지를 제공합니다.

2 분노의 감정 탐색하기

- 내 마음속 공룡이 분노하는 순간이 어느 순간인지 떠올릴 수 있도록 합니다.

Tip ✓ 학생들이 구체적으로 분노하는 순간을 떠올리기 어려워한다면 육하원칙에 따른 예시를 함께 제공해 주세요.

예 언제: 어젯밤에 무엇을: 다툼을
어디서: 집에서 어떻게: 안 좋은 말을 했다
누구와: 남동생과 왜: 나를 놀려서

- 내 마음속 공룡이 분노하는 순간, 공룡은 어떤 모습을 하고 있는지 함께 떠올릴 수 있도록 합니다.

Tip ✓ 사람마다 분노하는 순간 나타나는 행동이 다를 수 있음을 안내합니다.
예 회피형, 공격형, 외면형 등

3 분노의 감정 상황을 그림으로 표현하기

- 상황이 떠올랐다면 그때의 상황과 공룡의 행동을 그림으로 표현할 수 있도록 합니다.

4 활동 내용 공유하기

- 작성한 활동지를 바탕으로 짝, 조별, 반별로 함께 이야기를 나눕니다.

Tip ✓ 학생이 공유하는 화가 나는 순간의 상황에 대해 충분히 공감해 주면서 학생이 정화의 감정을 느낄 수 있도록 돕습니다.

활동2 내 안의 공룡 산책시키기

준비물 활동지 2-3, 색칠도구

1 활동 준비하기

- 마음을 편안하게 해 줄 수 있는 장소에 대한 심상의 구체화 작업을 진행합니다.
- 학생들이 편안한 자세를 취할 수 있도록 합니다.
- 선생님은 제공된 '내 안의 공룡 산책시키기' 스크립트를 학생들에게 읽어 줍니다.

내 안의 공룡 산책시키기

흥분한 공룡을 차분하게 가라앉히기 위해 산책을 시킬 거예요.

1. 산책을 시작하기 전에 잠시 눈을 감아 보세요.
2. 여러분과 공룡을 둘러싸고 있는 모든 것의 색감, 모양, 촉감을 살펴보세요. 나무가 울창한 숲이 될 수도 있고, 모래 자갈이 가득한 해변일 수도 있어요. 아니면 포근한 침대가 놓인 우리 집, 내 방이 될 수도 있어요. 여러분이 원하는 어느 곳이든 좋아요.
3. 조금 걷다가 다시 멈춰 서서 눈을 감고, 여러분을 둘러싸고 있는 모든 소리와 냄새에 집중해 보세요.
4. 공룡이 조금 차분해졌나요? 공룡이 차분해진 그곳의 모습은 어떠했나요?
5. 공룡이 차분해진 그 장소의 주변을 둘러보세요. 몇 시인가요? 누구와 함께 있나요? 무엇을 하고 있나요?
6. 장소를 충분히 둘러보았다면, 감았던 눈을 편안히 떠도 좋습니다.

Tip ✓ 공룡이 차분해진 장소의 모습을 구체적으로 상상할 수 있도록 오감을 활용한 질문을 해 주세요.

예 - 공룡은 무얼 보고 차분해졌나요?
- 공룡은 무슨 향기를 맡으며 차분해졌나요?
- 공룡이 밟고 있는 땅의 촉감은 어떠했나요?
- 공룡은 어떤 소리를 들으며 차분해졌나요?
- 공룡은 무얼 먹으며 마음이 차분해졌나요?

2 구체적인 심상을 그림으로 표현하기

- 학생들이 내 안의 공룡 산책시키기 활동을 통해 상상한 모습을 구체적인 그림으로 그릴 수 있도록 활동지 활동을 시작합니다.

Tip ✓ 구체적으로 심상화할 수 있도록 5개의 감각(촉각, 후각, 시각, 청각, 미각)을 제시하도록 합니다. 학생들이 감각에 대한 배경지식이 부족하다면 감각에 대한 교육을 선행적으로 진행해 주세요.

3 완성된 그림을 바탕으로 함께 이야기 나누기

- 활동지를 모두 완성했다면 내 마음속 공룡이 편안해진 장소는 어떤 곳이었는지 짝꿍/조별로 이야기를 나누도록 합니다.

정리

내용 정리 및 오늘의 문장 필사하기

1. 부정적인 감정을 다스리기 위해 다양한 신체 감각을 활용하는 방법을 정리하고 소감을 나눕니다.
2. 활동한 내용을 기억하며 오늘의 문장을 필사합니다.
3. 신체 감각을 통해 부정적인 감정을 다스리는 연습을 일상에서 실천해 봅니다.

오늘의 문장 **내 마음속 공룡을 차분하게 돌봐요.**

가정연계활동

가정통신문 자료 다운로드

우리 가족의 안전기지 만들기

1. 목표

우리 가족이 안전하게 느끼는 상황을 함께 공유하고, 안전기지를 함께 구체물로 만드는 작업을 통해 가족구성원 서로에 대한 이해가 높아질 수 있고 추후 갈등 상황이 생겼을 때 현명하게 대처할 수 있습니다.

2. 활동 방법

1) 활동 준비하기

- 가족구성원이 함께 그림을 그릴 수 있는 크기의 도화지 한 장을 준비합니다.
- 도화지 대신 박스나 지점토 등 구체물을 활용하여도 좋습니다.

2) 가족들과 우리 가족이 편안함을 느끼는 장소에 대해 이야기 나눕니다.

- 우리 가족은 어떤 장소에서 편안함을 느끼는지, 그곳의 분위기는 어떠한지, 청각, 촉각, 미각, 후각, 시각 등의 요소를 모두 고려하여 도화지를 완성해 갑니다.

3) 안전기지로 표현하기

- 앞서 나눈 이야기를 바탕으로 그림이나 구체물로 편안하게 느끼는 장소를 표현합니다.

4) 안전기지 부착하기

- 완성된 안전기지를 가정 내 잘 보이는 곳에 부착하여 자녀가 불안함을 느끼거나 부정적인 감정을 느끼는 상황이 되었을 때 함께 안전기지를 떠올리며 감정을 다스릴 수 있도록 돕습니다.

활동지 2-3 (저)

내 안의 공룡 돌보기

____학년 ____반 이름: __________

폭발하는 공룡

내 마음속 공룡이 폭발하는 순간은 언제인가요? 그때 공룡은 어떤 모습을 하고 있나요? 그림으로 화가 난 공룡과 그 순간을 표현해 주세요.

산책하는 공룡

화가 난 공룡을 진정시킬 수 있는 장소는 어떤 곳인가요? 몇 시인가요? 누구와 함께 있나요? 무엇을 하고 있나요? 그림으로 표현해 주세요.

3

더 나은 나로 성장해요

1차시 발견해요, 나의 강점

- "저 잘하는 거 없는데요?"라고 말하는 아이들에게 필요한 수업
- 자존감을 키우는 첫걸음, 강점 발견으로 시작!

2차시 강해져라, 나의 강점

- "내가 잘할 수 있을까?" 망설이는 아이에게 추천해요.
- 내 안의 강점을 천천히 키워 가며, 나를 믿는 힘을 배워요!

3차시 나는 성장하고 있어요

- 내 마음을 키워 주는 '성장의 말'을 배워요.
- "못해요." 대신 "해 볼게요!"로 바뀌는 수업

1차시 발견해요, 나의 강점

자기인식	자기관리	관계인식	관계관리	공동체 가치 인식 및 관리	정신건강 인식 및 관리
○		○			○

학습 목표

- 성격 강점의 의미를 이해할 수 있다.
- 나의 성격 강점을 알고, 친구의 성격 강점을 찾아 표현할 수 있다.

성취 기준 2022 개정 교육과정

[2바01-02] 나를 이해하고 존중하며 생활한다.

[2바02-01] 공동체에서 내가 할 수 있는 일을 찾아보고 실천한다.

[2슬01-02] 나를 탐색하여 나에 대해 설명한다.

수업의 흐름

도입 성격 강점 이해하기 ▶ **활동1** 성격 강점 알아보기 ▶ **활동2** 나의 성격 강점 발견하기 ▶ **활동3** 친구에게 성격 강점 선물하기 ▶ **정리** 내용 정리 및 오늘의 문장 필사하기

평가 계획

상	성격 강점의 의미를 알고, 나와 친구에게 어울리는 성격 강점을 찾아 구체적으로 표현할 수 있다.
중	성격 강점의 의미를 이해하지만, 나 또는 친구에게 어울리는 성격 강점을 선택해 표현하는 데 어려움이 있다.
하	성격 강점의 의미를 이해하기 어렵고 자신 또는 친구의 성격 강점을 찾아 표현하는 데 어려움이 있다.

활동 순서와 방법

도입

성격 강점 이해하기

1 '성격 강점'의 의미를 설명하며 오늘의 수업을 안내합니다.

"여러분, 칠판에 적혀 있는 '성격 강점'이라는 단어를 들어 본 적 있나요? '강점'이라는 단어가 조금 낯설게 느껴질 수도 있을 것 같아요. 강점은 쉽게 말해서 나의 가장 좋은 점이라고 생각하면 돼요! 즉, 성격 강점은 우리 안에 있는 특별하고 멋진 점이에요. 이런 강점들은 우리가 더 행복하게 살고, 건강하게 지내며, 다른 사람들과 잘 어울릴 수 있도록 도와줘요. 자, 그럼 우리 함께 성격 강점을 찾으러 떠나 볼까요?"

활동1

성격 강점 알아보기

1 16가지 성격 강점 알아보기

- 선생님이 PPT 화면으로 성격 강점 목록을 보여 주고, 각 강점에 대해 간단히 예시를 들어 설명합니다.
- 성격 강점 목록(원래 성격 강점은 24가지이나, 학년 특성상 쉽게 이해하고 적용할 수 있는 16가지만 사용하였습니다.)

성격 강점	설명
창의성	새로운 생각하기(새로운 방법을 떠올려요.)
호기심	궁금해하기(모르는 것을 꼭 알고 싶어 해요.)
용기	무서워도 해 보기(떨려도 한번 해 봐요.)
인내(끈기)	끝까지 해 보기(포기하지 않고 끝까지 해내요.)
열정	신나게 몰두하기(좋아하는 걸 열심히 해요.)
진실성	솔직하게 말하기(거짓말하지 않아요.)
친절	상냥하게 행동하기(따뜻한 말과 행동을 해요.)
사회성	친구와 잘 어울리기(함께 지내는 방법을 알아요.)
리더십	앞장서서 도와주기(친구들을 이끌어요.)
협동	힘을 모아 함께하기(같이 하면 더 잘돼요.)

성격 강점	설명
겸손	자랑하지 않기(잘난 척하지 않고 차분하게 행동해요.)
자기조절	화를 잘 다스리기(감정과 하고 싶은 걸 잘 조절해요.)
감사	고마워하기(작은 것도 고마운 마음을 가져요.)
낙관성	잘될 거라고 믿기(잘 웃고 희망을 가져요.)
심미안	예쁜 걸 잘 알아보기(멋지고 아름다운 걸 좋아해요.)
유머	재미있게 말하기(다른 사람을 웃게 해요.)

Tip

✓ 선생님은 "이 성격 강점을 가진 우리 반 친구는 누구일까요?"라고 물으며, 쉽고 재미있게 이해할 수 있도록 도와주세요.

활동2

나의 성격 강점 발견하기

준비물 활동지 3-1, 성격 강점 목록(선생님 자료), 색칠도구

Tip

사전 준비

✓ 수업 전에 성격 강점 목록(선생님 자료)을 라벨지에 인쇄해 스티커처럼 사용할 수 있도록 준비합니다. 학생 1인당 한 장의 활동지를 출력하는 것을 권장하나, 학급 상황에 따라 유연하게 조정해 주세요.

✓ 라벨지는 폼텍 라벨16칸 LS3107(주소용 99.1×33.9mm) 라벨용지 사용을 추천합니다.

✓ 라벨 스티커로 진행이 어려운 경우, 책에 수록된 QR코드로 접속해 카드형 활동지를 내려받아 활용할 수 있습니다.

1 나에게 어울리는 성격 강점 찾기

- 학생들은 성격 강점 목록 중 '어떤 성격 강점이 나랑 닮았을까?'를 생각하고, 자신에게 가장 잘 어울린다고 느끼는 성격 강점 1장을 선택하여 활동지에 붙입니다.
- 선생님은 학생들이 자신의 성격 강점을 쉽게 찾을 수 있도록 칭찬받은 경험, 잘하는 일, 좋아하는 활동을 떠올리게 도와줍니다.

2 나의 강점 꾸미고 표현하기

- 학생들은 선택한 성격 강점을 색칠하고 꾸밉니다.
- 완성 후, 짝이나 모둠 친구들과 내가 왜 이 성격 강점을 골랐는지 이야기를 나눠 봅니다.

활동3

친구에게 성격 강점 선물하기

준비물 활동지 3-1, 성격 강점 목록(선생님 자료), 색칠도구

1 모둠 친구들에게 어울리는 성격 강점 고르기

- 학생들은 모둠 친구 한 명 한 명에게 어울리는 성격 강점을 하나씩 고릅니다.
- 각 스티커를 예쁘게 꾸미거나 색칠하여 선물할 준비를 합니다.

Tip ✓ 같은 성격 강점을 선물하고 싶은 친구가 여러 명일 경우, 여분 스티커를 사용하거나 빈 라벨지를 활용할 수 있어요.

2 성격 강점 선물하기

- 꾸민 스티커를 친구의 활동지에 직접 붙여 주고, "○○아, 너는 이런 모습이 있어서 이 성격 강점을 선물하고 싶어!"라고 간단한 이유를 말해 줍니다.

정리

내용 정리 및 오늘의 문장 필사하기

1. 성격 강점의 의미를 정리하고 소감을 나눕니다.
2. 활동한 내용을 기억하며 오늘의 문장을 필사합니다.
3. 학생들은 발견한 성격 강점을 일상에서 실천해 봅니다.

오늘의 문장 **내 강점을 찾아 멋지게 자랄 거예요.**

가정통신문 자료 다운로드

성격 강점 릴레이 퀴즈

1. 목표

가족과 함께 성격 강점 종류와 의미에 대해 이야기를 나누며, 서로의 좋은 점을 찾아 칭찬하고 자존감을 높이는 따뜻한 시간을 가집니다.

2. 활동 방법

1) 퀴즈 준비

- 성격 강점 이름이 적힌 쪽지를 만들어 접어 둡니다.
- 접은 종이를 한곳에 모아서 두고, 게임을 시작할 준비를 합니다.

2) 게임 진행

- 가족이 돌아가며 쪽지를 한 장씩 뽑고, 그 안의 성격 강점을 설명합니다.
- 다른 가족구성원은 설명을 듣고, 어떤 성격 강점인지 맞혀 봅니다.

예 "이 강점은 어려운 상황에서도 포기하지 않고 끝까지 해내는 걸 의미해요!" → 끈기

3) 게임 마무리 및 성격 강점 찾아 주기

- 게임이 끝난 후, 각자 서로의 성격 강점을 찾아 칭찬합니다.

Tip

✓ 자녀가 성격 강점에 대한 이해가 부족할 경우, 성격 강점 목록을 보며 문제를 맞힐 수 있도록 도와주세요.

✓ 자녀가 설명하는 걸 어려워하면, 먼저 시범을 보이거나 부모님이 함께 문장을 만들어도 좋습니다.

활동지 3-1 저

나의 성격 강점 찾기

___학년 ___반 이름:__________

1. 나에게 어울리는 성격 강점

내가 생각하는 나에게 어울리는 성격 강점 스티커를 붙여 주세요.

2. 친구가 선물해 준 성격 강점

성격 강점 목록(선생님 자료)

1. 창의성
우리 반
아이디어 대장!

2. 호기심
궁금한 게 많은
호기심 박사님!

3. 용기
무서워도 해 보는
용감 대장!

4. 인내(끈기)
끝까지 해내는
참을성 왕!

5. 열정
에너지가 펑펑!
열정맨!

6. 진실성
솔직하고 믿음직한
진심 친구!

7. 친절
도와주는 마음 최고!
친절 대장!

8. 사회성
친구랑 척척!
인기쟁이 친구!

9. 리더십
우리 반을 이끄는
리더님!

10. 협동
함께할 때
더 빛나는 협동왕!

11. 겸손
조용히 멋진
겸손 스타!

12. 자기조절
화나도 척! 참는
조절 박사!

13. 감사
고맙다고 잘 말하는
감사 요정!

14. 낙관성
웃는 얼굴로
반짝이는 햇살 친구!

15. 심미안
예쁘고 멋진 걸
잘 찾는 감성 대장!

16. 유머
웃음 팡팡!
유머 대장님!

2차시 강해져라, 나의 강점

자기인식	자기관리	관계인식	관계관리	공동체 가치 인식 및 관리	정신건강 인식 및 관리
○	○				○

학습 목표

- 강해지고 싶은 성격 강점을 선택하고 그 방법을 세울 수 있다.
- 자신의 성격 강점을 반영한 배지를 만들 수 있다.

성취 기준 2022 개정 교육과정

[2바01-02] 나를 이해하고 존중하며 생활한다.

[2바02-01] 공동체에서 내가 할 수 있는 일을 찾아보고 실천한다.

[2슬01-02] 나를 탐색하여 나에 대해 설명한다.

수업의 흐름

도입: 성격 강점 복습 ▶ 활동1: 강해지고 싶은 나의 성격 강점 ▶ 활동2: 나만의 성격 강점 배지 만들기 ▶ 정리: 내용 정리 및 오늘의 문장 필사하기

평가 계획

상	성격 강점을 더 강하게 만드는 여러 가지를 떠올리고, 이를 바탕으로 구체적이고 창의적으로 나만의 배지를 만들 수 있다.
중	성격 강점을 더 강하게 만드는 방법을 한 가지 이상 떠올리지만, 이를 바탕으로 나만의 배지를 만드는 데 다소 어려움이 있다.
하	성격 강점을 더 강하게 만드는 방법을 떠올리기 어려워하고, 나만의 배지를 만드는 데도 어려움이 있어 교사의 도움이 필요하다.

활동 순서와 방법

도입

성격 강점 복습하기

- 선생님이 퀴즈 형식으로 1차시에 배운 성격 강점들을 복습한 뒤, 오늘의 수업 내용을 안내합니다.

"여러분, 우리가 배운 성격 강점을 잘 기억하고 있는지 선생님이 몇 가지 퀴즈를 낼 거예요. 여러분은 설명을 잘 듣고, 보기 중에서 맞는 강점을 골라 주세요."

〈문제 예시〉

	설명	보기	정답
1	새로운 생각을 하고 재미있는 것을 만드는 강점은?	① 창의성 ② 호기심	① 창의성
2	좋아하는 일을 힘차고 신나게 하는 강점은?	① 유머 ② 열정	② 열정
3	그림이나 음악, 자연을 보고 '우와~ 예쁘다!'라고 느끼는 강점은?	① 심미안 ② 친절	① 심미안
4	잘못했을 때 거짓말하지 않고 솔직하게 말하는 강점은?	① 진실성 ② 자기조절	① 진실성
5	친구들 앞에서 발표할 때 무서워도 용기 내서 하는 강점은?	① 협동 ② 용기	② 용기

"잘 기억하고 있네요. 오늘은 여러분이 배운 성격 강점이 더 강해지는 방법을 알아볼 거예요. 우리의 성격 강점은 계속해서 연습하고 노력하면 점점 더 강해질 수 있답니다.
그러니까 오늘은 우리가 어떻게 하면 성격 강점을 더 잘 키울 수 있을지 함께 생각해 봐요. 여러분도 할 수 있어요!"

활동1

강해지고 싶은 나의 성격 강점

준비물 활동지 3-2

1 강해지고 싶은 나의 성격 강점

- 성격 강점이 강해져야 하는 이유에 대해 선생님이 간략히 설명합니다.

  예 나를 더 성장시키기 위해서, 어려운 순간을 이겨 내기 위해, 더 좋은 관계를 만들기 위해, 꿈을 이루기 위해

- 학생들은 강해지고 싶은 성격 강점을 하나 선택합니다.
- 몇 명의 학생은 자신이 강해지고 싶은 성격 강점과 그 이유를 간단히 발표합니다.

Tip

✓ 활동을 어려워하는 학생은 1차시 활동지를 다시 보거나, 선생님이 교실에서 보이는 학생의 강점을 이야기해 줄 수 있습니다.
"선생님이 보았을 때 ○○이는 평소 친구들을 재미있게 해 줘서 유머를 키워도 좋아요."

2 내 성격 강점이 더 강해지는 방법은?

- 학생들은 성격 강점이 더 강해지려면 내가 무엇을 하면 좋을지를 생각해 봅니다.
- 쉬운 행동으로 2가지 방법을 활동지에 적습니다.
- 선생님은 몇 가지 예시를 들어 학생들이 방법을 찾을 수 있도록 도와줍니다.

  예 용기 → 발표 시간에 손 들기 / 새로운 것 해 보기
  친절 → 먼저 인사하기 / 친구 칭찬해 주기
  감사 → '고마워'라고 말하기 / 도와준 친구에게 편지 쓰기
  자기조절 → 화날 때 천천히 숨쉬기 / 숙제 먼저 하고 놀기

Tip

✓ 방법을 떠올리기 어려워하는 학생에게는 교사나 친구가 힌트를 줄 수 있습니다.
✓ 선생님은 "아주 작은 행동도 우리가 강해지는 시작이에요!"라는 말로 격려해 주세요.

활동2

나만의 성격 강점 배지 만들기

준비물 활동지 3-2, 색칠도구

1 나의 성격 강점 표현하기

- 학생들은 강해지고 싶은 나의 성격 강점을 떠올립니다.
- 활동지 안에 강해지고 싶은 강점을 그림으로 표현하고, 이름도 붙입니다.

  예 끈기 왕 배지, 웃음 선물 배지

2 나만의 성격 강점 배지 소개

- 완성 후 짝 또는 모둠으로 서로 만든 배지를 소개합니다.
- 발표를 원하는 학생은 앞으로 나와 자신의 배지를 소개합니다.

Tip ✓ 아크릴 배지를 활용해 성격 강점 배지를 직접 만들어 착용하면, 학생들의 몰입도와 성취감이 더욱 높아집니다.

정리

내용 정리 및 오늘의 문장 필사하기

1. 나의 성격 강점은 강해질 수 있다는 것을 이야기하고 소감을 나눕니다.
2. 활동한 내용을 기억하며 오늘의 문장을 필사합니다.
3. 학생들은 강해지고 싶은 성격 강점을 키우기 위한 방법을 일상에서 실천해 봅니다.

오늘의 문장 **작은 실천으로 내 강점을 키워요.**

가정연계활동

가정통신문 자료 다운로드

성격 강점을 키우는 가족 미션!

1. 목표

가족과 함께 강점 미션을 수행하며, 자연스럽게 성격 강점을 키울 수 있도록 합니다.

2. 활동 방법

1) 강해지고 싶은 성격 강점 선택하기

- 가족구성원 각자 강해지고 싶은 성격 강점을 하나 고르고, 강해질 수 있는 간단한 가족 미션을 정합니다.
- 자녀가 고민할 경우, 가족이 함께 자녀의 좋은 점을 이야기하며 강점을 선택하도록 돕습니다.
- 미션 예시
  - 용기: 가족 앞에서 짧은 이야기나 노래 부르기
  - 친절: 가족에게 먼저 "사랑해요." 말하기
  - 리더십: 가족의 저녁 메뉴 정하기

2) 하루 동안 미션 실천하기

- 가족과 함께 정한 미션을 하루 동안 수행합니다.
- 미션을 수행하는 동안 가족이 서로 칭찬하고 응원하는 시간을 갖습니다.

3) 소감 나누기

- 미션이 끝난 후 "이 강점을 실천해 보니 어땠어?" "앞으로도 이 강점을 어떻게 키우면 좋을까?"와 같은 질문으로 서로 대화를 나눕니다.

강해져라! 나의 강점

___학년 ___반 이름:__________

1. 강해지고 싶은 성격 강점 하나를 '○' 표시하고, 강해지는 방법 2가지를 적어 주세요.

창의성	호기심	용기	인내(끈기)
열정	진실성	친절	사회성
리더십	협동	겸손	자기조절
감사	낙관성	심미안	유머

강해지는 방법

❶ ______________________________

❷ ______________________________

2. 나만의 성격 강점 배지를 만들어 보세요.

3차시 나는 성장하고 있어요

자기인식	자기관리	관계인식	관계관리	공동체 가치 인식 및 관리	정신건강 인식 및 관리
○	○		○		

학습 목표

- 목표를 이루기 위해 필요한 마음 자세를 이해하고 말할 수 있다.
- 나를 응원하는 문장을 만들고 자신감 있는 목소리로 말할 수 있다.

성취 기준 2022 개정 교육과정

[2국01-02] 바르고 고운말로 서로의 감정을 나누며 듣고 말한다.

[2국01-03] 상대의 말을 집중하여 듣고 말차례를 지키며 대화한다.

[2바01-02] 나를 이해하고 존중하며 생활한다.

[2슬01-02] 나를 탐색하여 나에 대해 설명한다.

수업의 흐름

도입 나의 마음 자세 ▶ **활동1** 두 친구의 마음 비교하기 ▶ **활동2** 마음을 키우는 방법 ▶ **활동3** 마음이 자라는 가위바위보! ▶ **정리** 내용 정리 및 오늘의 문장 필사하기

평가 계획

상	목표를 이루기 위한 마음가짐을 잘 이해하고, 자신을 응원하는 문장을 만들고 자신감 있는 목소리로 말할 수 있다.
중	목표를 이루기 위한 마음가짐을 이해하고, 자신을 응원하는 문장을 만들고 말할 수 있다.
하	다른 사람의 도움을 받아 목표를 이루기 위한 마음가짐을 이해할 수 있고, 자신을 응원하는 문장을 만들고 작은 목소리로 말할 수 있다.

활동 순서와 방법

도입

나의 마음 자세

1 질문을 통해 오늘 수업 소개하기

"여러분 지금 어떤 자세로 앉아 있나요? 몸에도 자세가 있듯이 마음에도 자세가 있는 것을 알고 있나요? 특히 내가 실수하고 어려운 일을 해낼 때는 '특별한 마음의 자세'가 필요해요. 오늘은 그 특별한 마음의 자세를 함께 배워 볼 거예요!"

활동1

두 친구의 마음 비교하기

준비물 활동지 3-3

1 상황 예시로 두 학생의 마음 비교하기

- PPT로 두 친구의 이야기를 함께 살펴봅니다.

상황 1 어려운 수학 문제를 풀어야 할 때

송아: '이 문제는 어려워. 그냥 포기하고 쉴래.' 라며 그만둠.

민지: 문제가 어렵지만 '조금만 노력하면 풀 수 있을 거야!'라며 다시 도전함.

상황 2 운동장에서 축구를 잘하고 싶을 때

현성: '친구들이 나한테 공을 주지 않잖아!' 라며 연습을 하지 않음.

지후: '축구를 몇 번 해 보지 않아서 실수가 많았네.'라며 드리블 연습을 함.

- 학생들은 두 친구의 행동을 비교하여 각 친구들이 어떤 마음을 가지고 있었는지 발표합니다.
  "어떤 친구가 끝까지 해냈나요? 두 친구는 어떤 점이 달랐나요?"
  "민지와 지후는 어떤 마음을 가지고 있었나요?"
- 활동지에 송아와 현성이처럼 아직 하기 어려워서 해내지 못한 일 한 가지를 떠올려 작성합니다.

활동2

마음을 키우는 마법

준비물 활동지 3-3, 네임펜, OHP필름, 꾸미기 재료

1 성장 마음 자세 의미 학습하기

- 이전 활동과 연결하여 성장 마음 자세의 뜻을 함께 알아봅니다.

– 성장 마음 자세: 아직은 잘 못하지만 포기하지 않고 다시 도전하는 특별한 마음의 자세

예 구구단을 다 외우지 못하지만 끝까지 외워 볼 거야.

2 퀴즈로 성장 마음 자세 마법 단어 '아직' 알아보기

- 간단한 팝퀴즈로 학생들이 성장 마음 자세 마법 단어를 생각할 수 있도록 합니다.
  "포기하고 싶은 마음을 한번에 성장 마음 자세로 바꿀 수 있는 마법 단어는 무엇일까요?"
- 선생님이 PPT로 부정적인 문장과 마법 단어 '아직'을 붙인 문장을 제시합니다.
- 학생들은 두 가지 문장 중 '다시 도전할 수 있을 것 같은 생각'을 골라 발표합니다.
  예 나는 다리 찢기를 못해. / 아직 나는 다리 찢기를 못해.
- 이전 활동에서 작성한 '하기 어려워서 해내지 못한 일'에 성장 마법 단어 '아직'을 적고 달라진 점을 함께 확인합니다.

3 마음을 키우는 마법 만들기

- 마법 카드(OHP 필름) 빈칸에 마법 단어 '아직' '도전'을 차례로 적고 예쁘게 꾸밉니다.
- 마법 카드를 활동지와 맞추어 어떤 문장이 나타나는지 확인합니다.
- 학생들은 마음을 키우는 마법이 필요한 순간을 생각해 활동지를 완성합니다.

Tip

✓ 다음과 같이 OHP 필름에 인쇄하여 활용하세요. OHP 필름이 없다면, 활동지의 빈칸을 직접 채우고 꾸미는 활동으로 진행할 수 있어요.

〈활동지 내용〉	〈마법 카드-OHP 필름 인쇄〉
마음을 키우는 마법 ________ 어렵고 힘들어도 내가 계속 ________ 하면 해낼 수 있어!	〈포기하고 싶을 때 외쳐 보아요!〉 ________ ________

✓ 실제 명함 크기로 만들어 책상에 붙이거나 가지고 다니며 성장 마음 자세가 필요할 때 활용할 수 있어요.

활동3

마음이 자라는 가위바위보!

- 성장 마음 자세의 뜻을 다시 확인하고 간단한 놀이를 통해 성장 마음 자세를 연습합니다.

마음이 자라는 가위바위보 규칙

1) 짝과 함께 "마음이~ 자라는~ 가위바위보!"를 외치며 가위바위보를 합니다.
2) 먼저, 진 사람이 다음에는 이기고 싶은 마음을 담아 "다음에는 나도 할 수 있어!"라고 말합니다.
3) 이긴 사람은 기쁜 마음으로 "맞아! 할 수 있어."라고 말하며 친구에게 엄지척!을 보내며 응원합니다.

Tip
✓ 가위바위보의 승패보다, "할 수 있어."를 말해 보는 경험에 초점을 맞추어 지도해 주세요.
✓ 친구를 놀리지 않고 진심으로 활동에 참여할 수 있도록 지도해 주세요.

정리

내용 정리 및 오늘의 문장 필사하기

1. 성장 마음 자세의 뜻을 다시 한번 정리하고 소감을 나눕니다.
2. 활동한 내용을 기억하며 오늘의 문장을 필사합니다.
3. 성장 마음 자세를 일상생활에서 실천해 봅니다.

오늘의 문장 **꾸준히 노력하면, 내가 하고 싶은 일을 해낼 수 있어요.**

가정연계활동

가정통신문 자료 다운로드

'내가 이미 성공한 일' 인터뷰하기

1. 목표

자녀의 작은 성공 경험을 함께 나누며 자녀가 성장할 수 있는 믿음을 가질 수 있도록 합니다.

2. 활동 방법

1) 사진, 동영상, 그동안 자녀의 작품 등을 통해 자녀가 과거에 노력하여 성공했던 성공 경험을 함께 나눕니다.

예 처음으로 자전거 타기, 그림 그리기, 태권도 하기, 피아노 치기, 한 발로 균형 잡고 오래 서 있기, 줄넘기하기 등

2) 자녀가 도전할 때 가족이 응원해 줬던 말과 방법을 함께 나눕니다.

예 "엄마는 네가 이루어 낼 줄 알았어." "아빠는 자전거를 탈 때 뒤에서 잡아 주고 '할 수 있어!'라고 말했지."

3) 가족들은 자녀가 스스로에 성장할 수 있는 믿음을 가질 수 있도록 긍정적인 피드백을 제공합니다.

예 "우리 ○○이는 얼마든지 할 수 있는 사람이야." "지금 하는 것이 어렵지만 열심히 하다 보면 네가 이미 했던 것처럼 '아! 나는 할 수 있는 사람이네?' 하고 생각할 수 있을 거야."

활동지 3-3 저

나는 성장하고 있어요

____학년 ____반 이름:__________

1. 내가 못하는 일을 찾아 다음에 적어 보아요.

나는 ________________ 를 못해.

2. 1번 '나는' 앞에 성장 마음 자세 마법 단어 '아직'을 적고 다시 읽어 보아요.

3. 마음을 키우는 마법
   마법 카드를 활용하여 다음에 숨겨진 말이 무엇인지 알아보아요.

마음을 키우는 마법

________________ 어렵고 힘들어도

내가 계속 ________________ 하면

해낼 수 있어!

4. 내게 마음을 키우는 마법이 필요한 순간은 언제인가요?

4

함께라서 더 좋아요

1차시 **우리는 달라서 더 특별해**

- 다름을 이해하고 어울리는 힘을 배우는 수업
- 존중과 배려가 살아 있는 교실을 만들어요.

2차시 **내가 먼저! 용기 있는 친구 되기**

- 친구를 외면하지 않는 마음, 이 수업으로 키워요.
- 따돌림과 방관을 막는 진짜 학교폭력 예방 수업!

1차시 우리는 달라서 더 특별해

자기인식	자기관리	관계인식	관계관리	공동체 가치 인식 및 관리	정신건강 인식 및 관리
		○	○	○	

학습 목표

- 사람마다 성격, 관심사, 행동이 다를 수 있음을 이해하고, '다름'이 틀린 것이 아니라 특별한 것임을 이해할 수 있다.
- 서로의 다름을 존중하는 방법을 배우고, 친구들과 조화롭게 어울리기 위한 약속을 스스로 정하고 실천할 수 있다.

성취 기준 2022 개정 교육과정

[2바02-03] 차이나 다양성을 서로 존중하면서 생활한다.

[2슬01-03] 가족이나 주변 사람에게 관심을 갖고 함께 살아가는 모습을 탐구한다.

[2국01-02] 바르고 고운 말로 서로의 감정을 나누며 듣고 말한다.

[2즐01-03] 가족이나 주변 사람과 소통하며 어울린다.

수업의 흐름

도입: 그림책으로 흥미 유발하기 ▶ 활동1: 나와 친구들의 공통점, 다른 점 찾아보기 ▶ 활동2: 다름을 존중하기 위해 필요한 것은? ▶ 활동3: 우리 교실 존중 서약서 만들기 ▶ 정리: 내용 정리 및 오늘의 문장 필사하기

평가 계획

상	사람마다 다름이 있음을 이해하고, 이를 긍정적으로 받아들이며 친구를 존중하는 태도를 보인다. 다양한 친구들과 공통점과 다른 점을 인식하고, 서로를 배려하며 조화롭게 어울린다.
중	다름을 인정하고 존중해야 한다는 것을 알고 있으며, 친구의 입장을 이해하려고 노력하지만 공통점과 다른 점을 찾고 받아들이는 데 어려움을 보인다.
하	사람마다 다름이 있음을 이해하는 데 어려움을 느끼며, 친구와의 차이를 긍정적으로 받아들이기 어렵다. 공통점과 다른 점을 탐색하는 과정에서 소극적인 태도를 보이거나, 존중하는 태도를 실천하는 것이 익숙하지 않다.

활동 순서와 방법

도입

그림책으로 흥미 유발하기

1 그림책 『두두와 새 친구』 함께 읽기

책 소개

『두두와 새 친구』는 서로 다른 존재를 긍정적으로 받아들이는 과정을 담은 그림책입니다. 코가 짧고 귀가 큰 모모 무리를 만난 두두는 처음엔 어색하지만, 함께 물놀이를 하며 차이를 자연스럽게 받아들이게 됩니다. 다양한 방법으로 어울리는 경험을 통해 두두는 점점 더 자신감을 키워 나갑니다. 이 책은 다름을 인정하는 태도와 자신의 모습을 있는 그대로 긍정하는 힘을 전해 줍니다.

2 질문을 통해 의견을 나누고 수업 소개하기

- "그림책 속의 코끼리들의 모습은 어떤 점이 달랐나요?"
- "그림책 속에서 두두와 친구들은 서로의 '다름'을 어떻게 받아들였나요?"
- "다르다와 틀리다는 어떤 차이가 있을까요?"

"우리 모두 생김새, 성격, 좋아하는 것이 다를 수 있어요. 하지만 그것이 틀린 것은 아니에요. 오늘은 우리가 어떻게 서로 다름을 존중하고 함께할 수 있는지 배워 볼 거예요!"

활동1

우리는 다르지만, 또 같아!

준비물 활동지 4-1

1 나의 특징 적어 보기

- 나의 특징을 2~3가지 생각해 보고, 간단한 단어 또는 그림으로 적어 봅니다.

  예 "책 읽는 걸 좋아해요." "나는 운동을 잘해요."

2 모둠별로 공통점과 다른점 찾기

- 3~4명씩 모둠을 만들어 각자 적은 내용을 공유하며 공통점과 다른 점을 정리합니다.

예 공통점: "우리는 모두 과자를 좋아해요."

다른 점: "취미가 모두 달라요. 저는 그림 그리는 걸 좋아하지만 다른 친구들은 게임을 하거나 음악을 듣는 걸 좋아해요."

3 활동 결과 공유하기

- 각 모둠에서 찾은 공통점과 다른 점을 발표합니다.
- "우리 반 친구들의 공통점은 무엇일까요?" 질문을 던져 전체적으로 연결점을 찾아봅니다.

Tip ✓ 공통점이 많다는 걸 발견하며 친밀감을 느낄 수 있도록 도와주되, 다른 점이 있다는 것이 서로 틀린 게 아니라 특별하다는 점을 강조해 주세요.

활동2 다름을 존중하기 위해 필요한 것은?

1 '존중'의 뜻 배우기

- 아이들의 눈높이에서 존중의 뜻을 설명해 주세요.
  - 예 "존중은 서로 다름을 인정하고, 상대방을 배려하는 거예요. 예를 들어, 내 생각과 달라도 '그렇게 느낄 수 있구나.'라고 들어 주는 거죠."

2 다름을 존중하는 방법 이야기 나누기

- 선생님이 상황을 제시하고, 학생들이 어떻게 하면 좋을지 이야기하도록 유도합니다.
  - 예 "내가 좋아하는 놀이를 친구는 싫어할 때, 어떻게 하면 좋을까요?"
    "친구가 나와 다른 음식을 좋아할 때, 우리는 어떻게 해야 할까요?"
- 학생들의 생각을 함께 나눕니다.
  - 예 "서로 좋아하는 것을 이야기하고 같이 할 수 있는 걸 찾아보면 좋겠어요."
    "서로 다른 것을 이상하게 여기지 않고, 그냥 그런가 보다 하고 받아들여요."

3 교실에서 친구를 존중하는 법 생각해 보기

- 교실에서 다툼이 가장 많이 발생하는 구체적인 상황을 3~5개 정도 떠올립니다.
  - 예 쉬는 시간에 서로 다른 놀이를 하자고 우길 때 / 수업 시간에 내 의견을 친구가 비웃을 때 / 내가 먼저 잡은 물건(보드게임, 자리 등)을 친구가 빼앗으려고 할 때
- 이때 서로 다름을 존중하며 배려를 실천할 수 있는 방법을 함께 나눠 봅니다.
  - 예 "친구와 하고 싶은 놀이가 다를 때는 가위바위보를 하거나, 번갈아 가면서 놀아요."

"친구의 의견이 내 생각과 달라도 '그럴 수도 있겠다!'라고 말해요."

"친구의 물건은 먼저 물어보고, 허락받으면 사용해요."

활동3 우리 교실 존중 서약서 만들기

준비물 활동지 4-2, 색칠도구

1 우리 교실의 존중 약속 정하기

- 활동 2에서 이야기한 내용을 바탕으로, 모두가 함께 지킬 존중 약속 3~5개를 정합니다.
- 선생님이 칠판에 학생들의 의견을 모아 약속을 정리합니다.

  예 -"친구가 말할 때 끝까지 들어 줘요."
  -"친구의 물건을 빌릴 때 먼저 물어봐요."
  -"친구가 싫다고 하면 장난을 멈춰요."

2 〈존중 서약서〉 작성하기

- 우리 반이 정한 존중 약속을 바탕으로, 내가 실천하고 싶은 방법을 적어 봅니다.

  예 친구 이야기 잘 듣기, 인정하기, 배려하기
- "나는 존중을 실천하겠습니다!"라고 함께 외친 뒤, 서약서에 서명합니다.

Tip ✓ 완성된 서약서는 색칠하고 꾸민 후, 교실 게시판에 붙여 학생들이 계속 기억할 수 있도록 합니다.

정리 내용 정리 및 오늘의 문장 필사하기

1. 서로의 다름을 존중하는 것이 즐겁고 조화로운 반 분위기를 만드는 데 중요함을 정리하고 소감을 나눕니다.
2. 활동한 내용을 기억하며 오늘의 문장을 필사합니다.
3. 친구를 존중하는 태도를 생활 속에서 지속하도록 지도합니다.

오늘의 문장 서로 다름을 존중하면 좋은 친구가 돼요.

가정통신문 자료 다운로드

우리 가족의 배려 규칙 만들기

1. 목표

가족 구성원들이 서로의 다름을 이해하고 존중하는 가족 규칙을 만들어 봅니다.

2. 활동 방법

1) 가족들이 자주 다투거나 의견이 다른 상황을 떠올려 봅니다.

예 '보고 싶은 TV 채널이 다를 때'

2) 그럴 때 서로를 배려하는 방법을 생각해 봅니다.

예 'TV 채널은 돌아가면서 정하기!'

3) 우리 가족만의 '다름을 존중하는 가족 규칙' 세 가지 정하기!

예 '좋아하는 것이 다를 때, 먼저 이야기하고 조율해요.'
'서로의 기분을 생각하며 따뜻한 말을 사용해요.'
'가족이 다르게 행동해도 이상하게 여기지 않고 존중해요.'

4) 완성된 가족 규칙을 종이에 적거나 그림으로 꾸며서 가족이 자주 볼 수 있는 곳에 붙여 둡니다.

활동지 4-1 ㉠

우리는 다르지만, 또 같아!

___학년 ___반 이름:_________

1. 나의 특징을 2~3가지 적어 보세요.

나는 이런 사람이야!

2. 모둠별로 각자 작성한 내용을 공유하며 우리들의 공통점과 다른 점을 정리합니다.

우리들의 공통점	우리들의 다른 점

우리 교실 존중 서약서

___학년 ___반 이름:__________

1. 우리 반 친구들과 함께 지킬 존중 약속을 적어 보아요!

우리 반이 정한 존중 약속

2. 존중 서약서 아래에 내 이름을 적고 색칠하거나 꾸며서 다짐을 표현해 보세요.

우리 반을 존중이 가득한 교실로 만들기 위해 나는

☆ ______________________________

☆ ______________________________

(내가 특별히 더 신경 쓰고 싶은 존중 실천 방법을 적어 보세요.)

나는 존중을 실천하겠습니다.

날짜:

이름:

2차시 내가 먼저! 용기 있는 친구 되기

자기인식	자기관리	관계인식	관계관리	공동체 가치 인식 및 관리	정신건강 인식 및 관리
		○	○	○	

학습 목표

- 친구를 돕는 말과 행동의 중요성을 알고 기억할 수 있다.
- 친구를 돕는 행동이 관계에 어떤 영향을 주는지 이해한다.
- 다양한 상황에서 친구를 지키는 방법을 알고 적용할 수 있다.

성취 기준 2022 개정 교육과정

[2바01-03] 가족이나 주변 사람을 배려하며 관계를 맺는다.

[2바02-01] 공동체에서 내가 할 수 있는 일을 찾아보고 실천한다.

[2국01-02] 바르고 고운 말로 서로의 감정을 나누며 듣고 말한다.

[2슬01-03] 가족이나 주변 사람에게 관심을 갖고 함께 살아가는 모습을 탐구한다.

수업의 흐름

도입: 학교폭력 O/× 퀴즈 ▶ **활동1**: 그림책을 읽으며 친구를 지키는 행동 떠올리기 ▶ **활동2**: 친구를 지키는 다짐 카드 만들기 ▶ **정리**: 내용 정리 및 오늘의 문장 필사하기

평가 계획

상	친구를 돕는 말과 행동의 중요성을 기억하고, 친구를 지키는 방안을 구체적으로 제시하고 실천하려고 한다.
중	친구를 돕는 말과 행동의 중요성을 알고 있으며, 친구를 지키는 방법을 고민하지만 구체적인 방안을 떠올리거나 실천하는 데 어려움을 보인다.
하	친구를 돕는 말과 행동의 중요성을 이해하는 데 어려움을 느끼며, 친구를 지키는 방법을 스스로 찾거나 실천하는 것이 어렵다. 친구 관계에서 소극적인 태도를 보이며, 도움을 주려는 시도를 거의 하지 않는다.

활동 순서와 방법

도입

학교폭력 O/× 퀴즈

- PPT에 제시된 질문을 통해 학교폭력에 대해 얼마나 알고 있는지 점검합니다.

* 자료는 2024년 학교폭력 실태조사 결과를 참고하였습니다.

1. 학교폭력은 주로 학교 안에서 일어난다. (○)

학교폭력의 절반 이상이(70.9%) 학교 안에서 발생합니다.

2. 학교폭력은 아무도 모르게 일어난다. (×)

학교폭력 과정에서는 이를 목격한 목격자가 존재합니다(초중고 평균 5%, 16만 3천 명).

3. 학교폭력 목격자가 가장 많이 하는 행동을 순서대로 맞혀 보세요.

• 피해받은 친구를 위로하고 도와주었다.	1 (33.8%)
• 때리거나 괴롭히는 친구를 말렸다.	3 (17.4%)
• 가족, 선생님, 학교전담경찰관 등 주위에 알리거나 신고했다.	4 (17.2%)
• 나도 같이 피해 학생을 괴롭혔다.	5 (1.1%)
• 아무것도 하지 못했다.	2 (30.5%)

Tip ✓ 학교폭력 상황을 목격하지만, 아무것도 하지 못하는 사람들을 '방관자'라고 부른다는 것을 알려 주어도 좋습니다.

활동1

그림책 『친구를 지키는 말』 함께 읽기

책 소개

『친구를 지키는 말』은 따돌림이 발생하는 교실에서 침묵과 용기의 의미를 묻는 그림책입니다. 이야기 속 아이는 친구를 괴롭히는 장면을 보고 분노하지만, 두려움에 쉽게 행동하지 못합니다. 작가는 이 선택을 돌아보게 하며, 아이들에게 "아무 말도 하지 않을 거니?"라는 강한 질문을 던집니다.

1 (책을 읽기 전) 함께 생각해 보기

- 지금은 어떤 상황일까요?
- 왜 그렇게 생각했나요?
- 친구를 지키는 말이 왜 필요한가요?

2 (책을 읽은 후) 등장인물의 감정을 탐색하는 질문하기

- 피해자(괴롭힘을 당한 친구)는 어떤 마음이었을까요?
- 가해자(괴롭힌 친구)는 어떤 마음이었을까요?
- 방관자(옆에서 지켜본 친구)는 어떤 마음이었을까요?
- 혹시 비슷한 경험이 있었나요?

Tip ✓ 학생들이 감정을 이해할 수 있도록, 감정 단어를 함께 제시해도 좋습니다.

3 만약 나라면? 함께 생각해 보기

- 주인공이 피해학생을 돕지 못했던 이유를 떠올려 봅니다.
  "주인공은 왜 친구를 돕지 못했을까요?"
  "만약 여러분이 주인공이었다면, 어떤 행동을 했을까요?"

4 뒷이야기 상상해 보기

- 그림책 속 주인공은 과연 어떤 행동을 했을까요? 상상해서 뒷이야기를 발표해 봅니다.

활동2

친구를 지키는 다짐 카드 만들기

준비물 활동지 4-3, 색연필, 색칠도구

1 다짐 내용 생각하기

- 선생님이 '친구를 지키는 방법' 예시를 제시합니다.
  "친구가 어려움에 놓였을 때, '그만해!'라고 용기 있게 말할 수도 있고, '괜찮아?'라고 친구에게 물어볼 수도 있어요. 또 어떤 말로 친구를 지킬 수 있을까요?"
- 학생들이 자신의 다짐을 떠올려 보고, 실천할 수 있는 한 가지를 정해 봅니다.
  예 "친구가 괴롭힘을 당할 때, 용기 내어 '그러지 마!'라고 말할 거예요."
  "친구가 힘들 때 함께 있어 줄 거예요."

2 다짐 카드 만들고 공유하기

- 학생들이 자신의 다짐 문구를 카드에 적고, 그림이나 색으로 꾸밉니다.
- 강조하고 싶은 단어나 문장을 더 크게 쓰거나, 아이콘을 활용하도록 안내합니다.
- 학생들이 만든 다짐 카드를 친구들과 공유합니다.

정리

내용 정리 및 오늘의 문장 필사하기

1. 친구를 지키는 말과 행동이 서로에게 큰 힘이 될 수 있음을 정리하고 소감을 나눕니다.
2. 활동한 내용을 기억하며 오늘의 문장을 필사합니다.
3. 친구를 돕는 말과 행동을 용기 있게 실천해 봅니다.

오늘의 문장 그만해! 괜찮아? 나부터 말할 수 있어요.

가정연계활동

가정통신문 자료 다운로드

우리 가족의 '따뜻한 말' 실천하기

1. 목표

따뜻한 말을 주고받으며 가족 간 지지와 응원이 살아 있는 긍정적인 관계로 만들어 갑니다.

2. 활동 방법

1) 매일 가족 중 한 명을 골라 감사하거나 응원하고 싶은 '따뜻한 말 쪽지'를 작성합니다.

예
- "엄마, 오늘 피곤하셨을 텐데 저와 놀아 주셔서 감사합니다!"
- "동생, 나랑 장난감 나눠 써 줘서 기뻤어!"
- "아빠, 저녁에 숙제 도와주셔서 감사합니다. 덕분에 혼자서 못 풀던 문제를 알게 됐어요."

2) 쪽지를 몰래 전달하거나 직접 건넵니다.

예 책상 위에 올려 두기 / 가방이나 필통 속에 몰래 넣어 두기 / 아침이나 저녁에 직접 읽어 주기

3) 가족끼리 받은 쪽지를 서로 읽어 보고, 어떤 기분이 들었는지 이야기합니다.

- "칭찬 쪽지를 받고 기분이 어땠나요?"

예 "내가 먼저 따뜻한 말을 하면 가족들도 더 기분이 좋아지는 것 같아요!"

친구를 지키는 다짐 카드 만들기

___학년 ___반 이름:_________

1. 친구가 어려움을 겪고 있을 때, 나는 어떤 말을 하거나 행동을 할 수 있을까요? 내가 친구에게 도움받았던 적을 떠올리면서 친구를 지키는 말이나 행동을 작성해 보세요.

친구를 지키는 말	
친구를 지키는 행동	

2. 내가 친구를 지키기 위해 실천하고 싶은 다짐은 무엇인가요? 나의 다짐을 다짐 카드에 적어서 예쁘게 꾸며 주세요.

5

공감하고 대화해요

1차시	따뜻한 마음으로 공감해요	✰ 공감을 재미있고 신나게, 몸으로 익혀요! ✰ 공감하는 말과 행동은 학교폭력 예방의 시작!
2차시	대화의 첫걸음은 태도!	✰ 태도가 바뀌면, 관계도 달라져요. ✰ 친구에게 다가가기 어려운 학생들을 위한 사회성 수업
3차시	거절해도 괜찮아!	✰ "싫어요." 한마디, 어떻게 말하면 좋을까? ✰ 내 마음은 지키고, 친구 마음도 다치지 않는 거절법을 배워요.

1차시 따뜻한 마음으로 공감해요

자기인식	자기관리	관계인식	관계관리	공동체 가치 인식 및 관리	정신건강 인식 및 관리
○		○	○	○	

학습 목표

- 공감의 의미를 이해할 수 있다.
- 공감 표현법을 이해하고 실천할 수 있다.

성취 기준 2022 개정 교육과정

[2바02-03] 차이나 다양성을 서로 존중하면서 생활한다.

[2바03-03] 여러 인물의 삶을 통해 공동체성을 기른다.

[2바04-03] 여럿이 하는 활동에 관심을 갖고 자발적으로 협력한다.

수업의 흐름

도입 공감 엑스맨 vs 예스맨 ▶ **활동1** 공감: 따뜻하게 안아 주기 ▶ **활동2** 상대방의 입장 이해하기 ▶ **정리** 내용 정리 및 오늘의 문장 필사하기

평가 계획

상	공감의 의미를 언어로 설명할 수 있으며, 공감 표현을 이해하고 실천할 수 있다.
중	공감의 의미를 언어로 설명할 수 있지만, 공감 표현을 실천하는 데 어려움이 있다.
하	공감의 의미와 공감 표현을 언어로 설명하는 데 어려움이 있다.

활동 순서와 방법

도입

공감 엑스맨 vs 예스맨

준비물 공 또는 인형

1 공감 엑스맨 놀이 진행하기

- "지금부터 공감을 배우는 재미난 '공감 엑스맨 놀이'를 해 볼 거예요!"

1. 놀이 준비: 역할 나누기

1) '공감 엑스맨' 선정
   - 학생 1~2명을 '공감 엑스맨'으로 선정합니다.
   - 나머지 학생들은 원을 만들어 '무관심' 역할을 맡습니다.
2) 엑스맨은 원 밖에 서 있습니다.

2. 규칙 설명

- 무관심 역할
  1) 원 안에서 공(또는 인형)을 옆으로 전달하며 모두 한 번씩 공을 받도록 합니다. 공감의 말을 한 가지 정해 공을 전달하며 외칩니다.
  2) 놀이가 진행되는 동안 원 밖에 있는 공감 엑스맨을 쳐다보거나 말을 걸어서는 안 됩니다.

  예 그랬구나 / 괜찮아? / 옆에 있어 줄게 / 도와줄까? / 같이 놀자!

  Tip PPT나 칠판에 공감의 표현을 적어 학생들이 읽으며 쉽게 따라 할 수 있도록 안내합니다.

- 공감 엑스맨
  1) 원 안의 사람들에게 자신을 쳐다보게 하거나 응답하게 하기 위해 노력합니다.
  2) 방법: 이름 부르기, 박수치기, "나 여기 있어!" "나도! 나도!" 같이 외치기 등

  Tip 원 안의 사람들의 몸에 손을 댈 수 없습니다.

3. 놀이 시작

- 제한 시간: 1분(타이머를 설정합니다.)
- 목표: 원 안의 모든 학생에게 공을 한 번씩 전달하는 동안, 엑스맨의 행동에 반응하지 않고 규칙을 잘 따르도록 합니다.

4. 소감 나누기

1) **엑스맨에게 질문**

"아무도 나를 쳐다보지 않거나 대답하지 않을 때 기분이 어땠나요?"

"그때 어떤 마음이었을까요?" "그럼 친구가 공감해 준다면 기분이 어땠을까요?"

2) **무관심 역할 학생들에게 질문**

"놀이를 하는 동안 밖에 있는 엑스맨들은 어떤 마음이었을까요?"

"만약 내가 엑스맨이었다면 어떤 기분이 들었을까요?

5. (번외) 공감 예스맨 놀이

1) 이번에는 엑스맨을 '공감 예스맨'으로 바꿔 진행합니다.
2) 예스맨과 원 안의 학생들이 함께 원을 만들고 공을 주고받는데, 누가 받든지 무조건 예스맨에게 다시 공을 줘야 합니다. 공을 줄 때는 '같이 놀자, (예스맨 이름)!'이라고 외치며 줍니다. 공을 계속 주고받으며 놀이를 진행합니다.
   : 예스맨이 원 안으로 들어와 학생들과 함께 반응을 주고받으며 놀이 진행
3) 놀이가 끝난 후, 공감받는 상황과 공감받지 못하는 상황을 비교해 소감을 나눕니다.
   "공감받을 때와 무관심 속에 있을 때 기분이 어땠나요?"
   "공감하면 우리 교실이 어떻게 될까요?" "오늘은 공감에 대해 배워볼 거예요!"

활동1

공감: 따뜻하게 안아 주기

준비물 담요

1 공감의 뜻 설명하기

(1) 공감의 뜻을 설명합니다.

- 공감: 다른 사람의 마음을 이해하려고 노력하는 것

(2) 공감이 무엇인지 한 번 더 몸으로 설명합니다.

- 한 학생을 앞으로 초대하여, 선생님이 어깨에 담요를 둘러 주며 토닥입니다.
  "공감은 담요처럼 친구의 마음을 따뜻하게 감싸 주는 거예요."

(3) 학생들과 '공감이 필요한 순간'에 대해 이야기 나눕니다.

"공감은 어떤 학생에게 필요할까요?"

2 따뜻하게 안아 준다는 것은?

(1) 공감 표현 소개

- 공감의 말을 하나씩 제시하며 묻습니다. "'괜찮아?'라는 말엔 어떤 행동이 어울릴까요?"
- 학생들 의견을 받아 몇 가지 동작을 확인하고, 투표로 정한 우리 반만의 행동을 정합니다.

예 "'괜찮아?'라는 말에는 '팔짱 끼기' 행동으로 정했습니다!"

- 말과 몸짓 쌍 예시: "그랬구나."+끄덕이기 / "괜찮아?"+팔짱 끼기 / "힘들겠다."+어깨 토닥이기 / "같이 놀자!"+손 흔들기 / "옆에 있어 줄게."+포옹 / "도와줄까?"+손 내밀기

(2) 따라 하기

- 선정한 공감의 말과 몸짓을 다 같이 자리에서 따라 해 봅니다.

  예 "'그랬구나.' 하며 귀 기울여 보는 동작을 해 볼까요?"

(3) 공감 퀴즈('몸으로 말해요' 게임 활용)

- 선생님이 말 또는 몸짓 하나만 보여 주고, 학생들이 어떤 공감 표현인지 맞혀 봅니다.
- 정답을 맞히면 다 같이 해당 말과 동작을 소리 내어 따라 합니다.

  예 선생님이 손잡기 동작만 하면, 학생들이 손들며 "괜찮아?" 하고 맞힙니다.

(4) 소감 나누기

- 퀴즈 후, 선생님이 공감 표현을 받으면 어떤 기분인지 질문하며 이야기 나눕니다.

  예 "친구가 '괜찮아?' 하며 손잡아 주면 기분이 어때요?"
  "반대로, 공감 없이 차가운 태도는 어떤 것일까요?"

Tip ✓ 시간이 남는다면 차가운 태도에 대해 설명해 줄 수 있습니다.
차가운 태도 예시: 딴짓하기, 멍하니 있기, 말 끊기, 다른 곳 보기, 반응 없이 있기, 내 말만 하기

"재미있는 게임으로 공감의 표현을 배웠어요. 공감 표현을 받으면 기분이 어떨 것 같나요?"

활동2 상대방의 입장 이해하기

준비물 활동지 5-1

1 공감이 필요한 상황 설명

- 활동지에 적힌 상황을 설명하고, 상황에 나오는 인물이 느꼈을 감정을 물어봅니다.

상황 ①

〈민아는 교실 바닥을 청소하고 있는데, 지수가 물감 묻힌 옷과 신발로 교실에 들어왔습니다.〉

"민아의 감정은 어땠을까요?"

"물감 놀이를 신나게 하고 와서 민아를 본 지수의 감정은 어땠을까요?"

"민아에게 공감의 말을 한다면 어떤 말을 해 줄까요?"

상황 ②

〈방과 후, 친구들과 신나게 축구를 하고 있던 민수에게 시우가 다가와 함께하자고 말합니다.
민수는 이미 인원이 다 차서 같이 축구할 수 없다고 말합니다.〉

"민수의 감정은 어땠을까요? 민수에게 거절당한 시우의 감정은 어땠을까요?"

"시우에게 공감의 말을 한다면 어떤 말을 해 줄까요?"

2 발표 및 활동지 작성

- 각 등장인물이 느꼈을 감정과 상황에 필요한 공감의 말을 발표한 후 활동지 5-1에 적습니다.

Tip

✓ 한글을 모르는 학생의 경우, PPT에 예시를 보여 주거나 색이나 표정으로 감정을 표현하도록 안내합니다.

✓ 활동 1에서 배운 공감 표현을 칠판이나 PPT 화면에 보여 주고 활동지 작성에 참고하도록 합니다.

정리

내용 정리 및 오늘의 문장 필사하기

1. 공감의 의미 및 표현을 정리하고 소감을 나눕니다.
2. 활동한 내용을 기억하며 오늘의 문장을 필사합니다.
3. 공감 표현을 일상에서 실천해 봅니다.

오늘의 문장 나는 모두의 마음을 소중히 여겨요.

가정연계활동

가정통신문 자료 다운로드

공감을 표현해요!

1. 목표

공감의 의미를 이해하고, 서로에게 공감을 표현하며 연습합니다.

2. 활동 방법

1) 공감의 경험 나누기

공감의 의미를 이야기하고, 공감받았던 경험과 공감받지 못했던 경험에 대해 이야기합니다.

2) 가정에서 자주 일어나는 갈등 상황을 하나 선정합니다.

3) 각 사람이 어떤 마음이었을지 이야기하며 활동지를 작성합니다.

활동지에는 각자의 생각, 감정, 행동을 포함합니다.

4) 작성한 두 사람에게 공감을 표현할 수 있는 방법을 작성합니다.

구체적으로 작성하기 위해 눈빛, 말, 행동 각각의 표현 방법을 제시합니다.

상대방의 입장 이해하기

___학년 ___반 이름:__________

감정 단어 예시

기쁘다 미안하다 속상하다 화나다 서운하다 당황스럽다 답답하다

1. 민아는 교실 바닥을 청소하고 있는데, 지수가 물감 묻은 옷과 신발을 신고 교실에 들어왔습니다.

- 교실에서 청소하는 민아를 본 지수의 감정은 어땠을까요?

지수의 감정:

- 지수의 물감 묻은 신발을 본 민아의 감정은 어땠을까요?

민아의 감정:

- 청소하는 민아에게 공감의 말을 한다면, 어떤 말을 할 수 있을까요?

민아야, ______________________________

2. 방과 후, 친구들과 신나게 축구를 하고 있던 민수에게 시우가 다가와 축구에 껴 달라고 말합니다. 민수는 이미 인원이 다 차서 그럴 수 없다고 말합니다.

- 거절해야 하는 민수의 감정은 어땠을까요?

민수의 감정:

- 민수에게 거절당한 시우의 감정은 어땠을까요?

시우의 감정:

- 거절당한 시우에게 공감의 말을 한다면, 어떤 말을 할 수 있을까요?

시우야, ______________________________

2차시 대화의 첫걸음은 태도!

자기인식	자기관리	관계인식	관계관리	공동체 가치 인식 및 관리	정신건강 인식 및 관리
		○	○	○	

학습 목표

- 대화의 기본 요소(언어적 표현 및 비언어적 표현)를 이해하고, 이를 언어로 설명할 수 있다.
- 대화에 도움이 되는 행동과 방해되는 행동을 인식하고, 올바르게 대화하는 방법을 행동으로 표현할 수 있다.

성취 기준 2022 개정 교육과정

[2바01-03] 가족이나 주변 사람을 배려하며 관계를 맺는다.

[2슬01-03] 가족이나 주변 사람에게 관심을 갖고 함께 살아가는 모습을 탐구한다.

[2즐01-03] 가족이나 주변 사람과 소통하며 어울린다.

수업의 흐름

도입	활동1	활동2	정리
대화란?	대화 태도의 중요성	멋진 대화 규칙	내용 정리 및 오늘의 문장 필사하기

평가 계획

상	대화의 기본 요소를 언어로 설명할 수 있으며, 대화에 도움이 되는 행동과 방해되는 행동을 구분하여 설명할 수 있다.
중	대화의 기본 요소를 설명할 수 있으나, 대화에 도움이 되는 행동과 방해되는 행동을 구분하는 데 다소 어려움이 있다.
하	대화의 기본 요소를 설명하는 데 어려움이 있고, 대화에 도움이 되는 행동과 방해되는 행동을 구분하는 데 어려움이 있다.

활동 순서와 방법

도입

대화란?

1 대화와 관련된 질문을 통해 흥미 유발하기

- 친구와 대화하면서 기분이 안 좋았던 적이 있나요?
- 대화하면서 정말 즐거웠던 경험이 있다면, 손을 들고 발표해 주세요.
- 어떤 대화가 재미있었나요?"
- 대화는 단순히 이야기하는 것이 아니라, 서로의 마음을 나누는 거예요.

2 오늘의 수업 안내하기

"대화할 때 어떤 행동은 친구를 기분 좋게 하고, 어떤 행동은 친구를 슬프게 할 수 있어요. 만약 친구가 슬프면, 그 친구와 이야기하기가 어려울 수 있겠죠? 오늘은 친구와 기분 좋게 대화하는 방법에 대해 배워 볼 거예요!"

활동1

대화 태도의 중요성

준비물 짝 활동 미션 쪽지

- 준비 사항
  대화에 도움이 되는 태도와 방해가 되는 태도가 섞인 미션 쪽지를 미리 잘라서 준비합니다.
- 도움 되는 태도: 귀 기울이기, 끄덕이기, 질문하기, 웃으며 눈 마주치기
- 방해 되는 태도: 딴짓하기, 다른 곳 보기, 말 끊기, 멍하니 있기

Tip ✓ PPT나 칠판에 태도 목록과 그림(예 귀 기울이기 → 귀에 손대는 아이콘)을 띄워 활용합니다.

- 대화에 도움되는 태도와 방해되는 태도 소개
  : 도움되는 태도와 방해되는 태도를 직접 시연하며 설명합니다.

도움되는 태도

- 웃으며 눈 마주치기: "눈을 보며 '재밌네!' 하는 마음으로 미소 지어요."
- 귀 기울이기: "'응, 응.' 하며 귀에 손을 대고 들어 봐요."
- 끄덕이기: "'맞아!' 하며 고개를 끄덕여요.
- 질문하기: "'또 뭐 좋아해?' 하며 손을 살짝 들어요."
- 부드러운 목소리: "'그랬구나~?'라고 하며 낮은 음으로 친절하게 말해요."

방해되는 태도

- 딴짓하기: "책 넘기는 척하며 안 들어요."
- 말 끊기: "'나 먼저!' 하며 손을 흔들어요."
- 다른 곳 보기: "창문만 쳐다봐요."
- 멍하니 있기: "턱 괴고 눈은 살짝 뜨고 멍하니 있어요."
- 큰 목소리: "'그랬구나!'라고 하며 크고 높은 목소리로 말해요."

학생들이 선생님 동작을 보고 따라 하며 연습합니다.

예 "자, 다 같이 '귀 기울이기' 해 볼까요? 손을 귀에 대고 '응, 응.' 해 보세요!"

1 행동으로 보여 주기

"지금부터 1분 동안 짝에게 자신의 쪽지에 적힌 내용을 행동으로 보여 주세요. 짝은 1분 동안 친구의 행동을 보고 그 행동이 어떤 것인지 맞혀 보세요."

Tip ✓ 대화 주제를 정해 줘도 좋습니다. (예 "좋아하는 간식 이야기하기")

2 역할 바꿔 행동하기

"이번에는 반대로 해 볼게요. 상대방이 받은 쪽지에 적힌 내용을 1분 동안 행동으로 보여 주세요. 마찬가지로, 1분이 지난 후 다른 친구들이 어떤 행동인지 맞혀 보세요."

3 소감 나누기

활동이 끝난 후, 느낀 소감을 나눠 볼까요? 정답을 맞힌 친구는 손을 들어 주세요. 어떤 내용이었나요? 그 행동을 보면서 어떤 느낌이 들었는지 이야기해 봅시다."

Tip ✓ 한글을 모르는 학생의 경우, 조용히 손을 들도록 안내합니다. 선생님이 가서 귓속말로 내용을 알려 주세요.

활동2

멋진 대화 규칙

준비물 활동지 5-2, 색연필, 스티커(학생당 2개)

1 모둠별 활동지 배포하기

- 각 학생은 활동지(대화 태도 목록표)를 받습니다.
  - 도움되는 태도: 눈 마주치기, 귀 기울이기, 끄덕이기, 질문하기, 부드러운 목소리
  - 방해되는 태도: 딴짓하기, 다른 곳 보기, 말 끊기, 멍하니 있기, 크고 높은 목소리

2 대화 태도를 알맞게 작성하고, 그림으로 그리기

- 활동지 밑줄로 되어 있는 빈칸에 알맞은 답을 작성합니다. 그 후 태도 옆에 관련 그림을 그립니다.
  예 눈 마주치기 → 눈알 2개, 딴짓하기 → 책 그림

3 '가장 멋진 대화 태도'에 스티커 붙이기

- 활동지를 보고 자신이 가장 중요하다고 생각하는 '도움 되는 대화 태도' 2가지에 스티커를 붙입니다(학생당 스티커 2개 제공).

4 중요한 문장 따라 쓰기

- 활동지 가운데에 회색조로 적힌 '서로 중요하다고 여기는 태도가 다를 수 있기 때문에 배려해야 합니다.'를 따라 적도록 안내합니다.

5 '가장 멋진 대화 태도' 정하기

- 선생님이 스티커 많이 받은 태도를 확인합니다. 도움 되는 대화 태도와 방해 되는 대화 태도를 각각 뽑고 학급 규칙으로 정합니다.
  예 '눈 마주치기' 1등 → "우리 반은 대화할 때 눈 마주치기로 해요!"

정리

내용 정리 및 오늘의 문장 필사하기

1. 대화의 의미를 정리하고 소감을 나눕니다.
2. 활동한 내용을 기억하며 오늘의 문장을 필사합니다.
3. 대화에 도움 되는 태도를 일상에서 실천해 봅니다.

오늘의 문장 **나는 다른 사람의 감정과 생각을 존중하며 대화해요.**

짝 활동 미션 쪽지

웃으며 눈 마주치기
〈다음 내용처럼 따라 하기!〉
눈을 보며 '재밌네!' 하는 마음으로 미소지어요.

딴짓하기
〈다음 내용처럼 따라 하기!〉
책 넘기는 척하며 이야기를 안 들어요.

말끊기
〈다음 내용처럼 따라 하기!〉
"나 먼저!" 하면서 손 흔들고 말을 끊어요.

귀 기울이기
〈다음 내용처럼 따라 하기!〉
"응, 응!" 하며 귀에 손을 대고 들어 봐요.

끄덕이기
〈다음 내용처럼 따라 하기!〉
"맞아!" 하며 고개를 끄덕여요.

다른 곳 보기
〈다음 내용처럼 따라 하기!〉
창문만 쳐다보고 친구를 보지 않아요.

멍하니 있기
〈다음 내용처럼 따라 하기!〉
턱 괴고 눈은 살짝 뜨고 멍하니 있어요.

질문하기
〈다음 내용처럼 따라 하기!〉
"또 뭐 좋아해?" 하며 손을 살짝 들어요.

부드러운 목소리
〈다음 내용처럼 따라 하기!〉
"그랬구나~?" 하며 낮은 음으로 친절하게 말해요.

크고 높은 목소리
〈다음 내용처럼 따라 하기!〉
"그랬구나!" 하며 크고 높은 목소리로 말해요.

가정통신문 자료 다운로드

하루 10분, 좋은 대화

1. 목표

가족이 함께 대화에 필요한 태도(언어적 표현 및 비언어적 표현)를 이야기하고 실천합니다.

2. 활동 방법

1) 대화 시작 전, 규칙 정하기

: 대화할 때 하지 말아야 할 행동과 하면 좋을 행동을 가족끼리 이야기해 보세요.

예 "눈 마주치며 들으면 더 좋아요!" "딴짓하면 안 돼요!"

2) 규칙 지키며 대화하기

: 다음 대화 주제 중 하나를 골라 규칙을 지키며 5~10분 정도 대화해 보세요.

예 부모: "내가 어렸을 때, 가장 기억에 남는 칭찬은 뭐였을까?"

자녀: "내가 들었던 말 중 가장 기분 좋았던 칭찬은 뭐였을까?"

가족: "우리 가족이 함께해서 가장 즐거웠던 순간은 언제였어?"

3) 대화 후, 서로 어떤 기분이 들었는지 소감을 나눠 보세요.

예 "눈 마주치니까 더 재밌었어요!"

활동지 5-2 저

멋진 대화 규칙

___학년 ___반 이름:__________

1. 대화에 도움되는 태도에 맞게 밑줄에 글을 채워 넣으세요. 태도에 맞는 그림을 그리고 난 후, 가장 중요하다고 생각하는 태도 2가지에 스티커를 붙여 보세요.

웃으며 ____ 마주치기

눈으로 보며 '재밌네!' 하는 마음으로 미소 지어요.

〈스티커〉

____ 기울이기

"응, 응!" 하며 귀에 손을 대고 들어 봐요.

〈스티커〉

____ 이기

"맞아!" 하며 고개를 끄덕여요.

〈스티커〉

____ 하기

"또 뭐 좋아해?" 하며 손을 살짝 들어요.

〈스티커〉

부드러운 ____

"그랬구나~?" 하며 낮은 음으로 친절하게 말해요.

〈스티커〉

서로 중요하다고 여기는 태도가 다를 수 있기 때문에 배려해야 합니다.

딴짓하기

책 넘기는 척하며 이야기를 안 들어요.

말 끊기

"나 먼저!" 하며 손 흔들고 말을 끊어요.

다른 곳 보기

창문만 쳐다보고 친구를 보지 않아요.

멍하니 있기

턱 괴고 눈을 살짝 뜨고 멍하니 있어요.

크고 높은 목소리

"그랬구나!" 하며 크고 높은 목소리로 말해요.

3차시 거절해도 괜찮아!

자기인식	자기관리	관계인식	관계관리	공동체 가치 인식 및 관리	정신건강 인식 및 관리
○			○		○

학습 목표

- 거절의 개념을 이해하고 언어로 설명할 수 있다.
- 거절의 표현법을 이해하고 이를 실생활에서 실천할 수 있다.

성취 기준 2022 개정 교육과정

[2바02-03] 차이나 다양성을 서로 존중하면서 생활한다.

[2바04-02] 다양한 생각이나 의견에 대해 개방적인 태도를 형성한다.

[2즐01-03] 가족이나 주변 사람과 소통하며 어울린다.

수업의 흐름

도입: 거절 이야기 ▸ 활동1: 거절의 표현 ▸ 활동2: 나만의 거절과 존중 표지판 ▸ 정리: 내용 정리 및 오늘의 문장 필사하기

평가 계획

상	거절의 개념을 언어로 설명할 수 있으며, 거절의 표현법을 실생활에서 실천할 수 있다.
중	거절의 개념을 언어로 설명할 수 있으나, 거절의 표현법을 실천하는 데 어려움이 있다.
하	거절의 개념을 언어로 설명하는 데 어려움이 있고, 거절의 표현법을 실천하는 데 어려움이 있다.

활동 순서와 방법

도입

거절 이야기

1 '거절의 이야기' 함께 읽기

이야기 1

아이스크림을 사 달라고 조르는 친구

하교하는 길에 친구가 나에게 아이스크림을 사 달라고 계속 조릅니다.

처음에는 한두 번 사 줬지만, 이제는 매일매일 아이스크림을 사 달라고 해요.

아이스크림을 사 주고 싶지만, 매일 사 주는 건 어려운 것 같아요.

그래서 친구의 사 달라는 부탁을 거절하려고 해요. 친구는 이해해 줄까요?

이야기 2

신발끈을 계속 묶어 달라는 친구

점심시간에 운동장에 나갈 때, 친구가 자꾸 신발끈을 묶어 달라고 해요. 처음에는 도와줬지만, 매번 묶어 달라고 하니까 이제는 조금 귀찮아졌어요.

나는 친구가 스스로 신발끈을 묶는 법을 배우면 좋겠다고 생각해요.

2 소감을 나누며 오늘의 수업 안내하기

- "주인공은 왜 거절하려고 하나요?"
- "거절하지 않으면 어떤 일이 일어날까요?"
- "거절하지 못해서 곤란했던 경험이 있나요?"

"앞서 이야기의 주인공들이 겪은 상황들은 거절이 꼭 필요한 상황이죠?
거절이란 '다른 사람의 요청을 이해하면서도 나의 마음을 지키는 표현 방식'이에요!"

활동1

거절의 표현

1 거절의 의미 설명하기

- 거절이란, 상대방의 부탁을 이해하면서도 나의 마음을 지키는 표현 방식

2 거절의 3단계 '나, 안다!' 설명하기

① 친구 마음 알아주기 (나도 네 마음을 이해하지만)

② 거절 표현하기 (안 돼)

③ 다른 방법 생각해 보기 (다음에 ______하자!)

3 상황에 맞는 거절 표현 적용하기

- 다음 상황에서 거절의 3단계를 넣어 표현해 봅시다.

  예 상황: 아이스크림을 계속 사 달라는 친구

  반응: 나도 네 마음을 이해하지만, 안 돼. 용돈이 얼마 없거든. 다음에 같이 사 먹자!

Tip ✓ PPT나 상황 카드를 활용해 자연스럽게 연습할 수 있도록 유도합니다.

활동2

나만의 거절과 존중 표지판

준비물 활동지 5-3(양면 인쇄), 사인펜, 풀 또는 테이프, 거절이 필요한 상황 카드(뒷장)

Tip ✓ 활동지는 표지판 모양으로 되어 있으며, 두꺼운 도화지로 프린트한 후 잘라 주시면 단단하게 고정할 수 있습니다.

1 나만의 거절 표지판 만들기

- 활동지 5-3을 나눠 줍니다.

  ① 앞면에는 거절 표현("나도 네 마음을 이해하지만, 안 돼. 다음에 _____하자!")이 회색조로 이미 적혀 있습니다. 그 위에 따라 쓰도록 안내합니다.

  ② 뒷면에는 존중 표현("그럴 수도 있지. 아쉽지만 다음에 하자.")을 따라 적습니다.

  ③ 표지판을 예쁘게 꾸며 완성합니다.

Tip ✓ 상황 카드를 2명당 한 개씩 나눠 주고, "다음에 _____하자."의 밑줄 친 부분에 들어갈 말을 상황에 맞게 작성하도록 안내할 수 있습니다.

2 짝 활동 – 상황 역할극

- 선생님이 제시하는 상황을 보고, 짝과 함께 표지판을 들고 교실을 돌아다니며 역할극을 해 봅니다.

  예 A: "장난감 빌려줘!"

  B: (앞면 들며) "나도 네 마음을 이해하지만, 안 돼. 다음에 빌려줄게!"

  A: (뒷면 들며) "그럴 수도 있지. 아쉽지만 다음에 하자."

Tip
✓ 거절이 필요한 상황은 선생님이 안내하고 시간을 제한하여 연습할 수 있도록 합니다.
✓ 거절이 필요한 상황 카드는 필요에 따라 개인별 혹은 짝, 모둠별로 제공할 수 있습니다.

정리

내용 정리 및 오늘의 문장 필사하기

1. 거절의 의미와 거절의 3단계를 정리하고 소감을 나눕니다.
2. 활동한 내용을 기억하며 오늘의 문장을 필사합니다.
3. 거절 표현과 존중 표현을 일상에서 실천해 봅니다.

오늘의 문장 **나는 거절하는 친구의 마음도 이해하고 존중해요.**

거절이 필요한 상황 카드

친구가 내 장난감을 빌려 달라고 할 때, 빌려주기 싫을 때

친구가 나보고 숙제를 대신 해 달라고 할 때

혼자 하고 싶은데 친구가 도와주겠다고 할 때

화장실에 안 가고 싶은데 친구가 같이 가자고 할 때

친구가 학교 끝나고 놀이터에 가자고 하는데 집 가야 할 때

돈이 없는데 떡볶이 사 먹자고 할 때

교실에서 쉬고 싶은데 친구가 놀자고 할 때

종이접기를 안 하고 싶은데 친구가 같이 하자고 할 때

친구가 우리 집에서 자고 싶다고 할 때

친구가 하나밖에 없는 내 지우개를 갖고 싶다고 할 때

가정연계활동

가정통신문 자료 다운로드

거절 표현 연습, '나의 마음을 지키는 거절'

1. 목표

가족이 함께 거절 표현 연습을 해 봅니다.

2. 활동 방법

1) 거절이 필요한 상황

가족이 함께 모여 이해받는다고 느끼는 상황과 거절이 필요한 상황에 대해 이야기해 보세요.

2) 거절의 표현과 받아들이는 표현 연습하기

거절의 3단계 표현 '나, 안다!'를 활용하여 연습하고, 다른 가족구성원은 이를 받아들이는 표현을 실천해 보세요.

(1) 친구 마음 알아주기 (나도 네 마음을 이해하지만)

(2) 거절 표현하기 (안 돼)

(3) 다른 방법 생각해 보기 (다음에 ______하자!)

예 엄마의 마음은 이해하지만, 저는 매일 청소는 어려울 것 같아요. 대신, 주말에는 꼭 청소할게요. → 그래, 괜찮아. 해 보고 다음번 가족회의 때 다시 이야기해 보자.

활동지 5-3 저

나만의 거절 표지판

___학년 ___반 이름:__________

Tip ✓ 두꺼운 도화지로 인쇄하면 양면 인쇄 1장으로 출력 가능합니다.

거절 표지판

나도 네 마음을 이해하지만

친구 마음 이해해 주기

안 돼.

거절 표현하기

다음에 __________하자.

다른 방법 이야기하기

활동지 5-3 저

나만의 거절 존중 표지판

___학년 ___반 이름:__________

존중 표지판

그럴 수도 있지

거절 받아들이기

아쉽지만 다음에 하자.

속상한 마음 표현하고 앞으로의 기대 표현하기

6

갈등을 해결해요

1차시	올빼미처럼 똑똑하게! 갈등 해결하기	✰ 싸워도 괜찮아! 똑똑하게 해결하면 되니까! ✰ 모두가 웃을 수 있는 갈등 해결법을 배워요.
2차시	사과는 어떻게 하나요?	✰ 사과하는 법, 즐거운 노래로 쏙쏙 익혀요! ✰ "미안해." 한마디에 진심을 담아 보는 수업

1차시 올빼미처럼 똑똑하게! 갈등 해결하기

자기인식	자기관리	관계인식	관계관리	공동체 가치 인식 및 관리	정신건강 인식 및 관리
○		○	○	○	

학습 목표

- 갈등 해결의 3가지 방법을 이해하고 각 방법의 장단점을 설명할 수 있다.
- 바람직한 갈등 해결 방법을 이해하고 이를 실천할 수 있다.

성취 기준 2022 개정 교육과정

[2슬01-02] 나를 탐색하여 나에 대해 설명한다.

[2바03-03] 여러 인물의 삶을 통해 공동체성을 기른다.

[2바04-04] 지금까지의 생활 습관과 학습 습관을 되돌아본다.

수업의 흐름

도입: 갈등이란? ▶ 활동1: 3가지 갈등 해결 유형 ▶ 활동2: 올빼미처럼 해결해요! ▶ 정리: 내용 정리 및 오늘의 문장 필사하기

평가 계획

상	3가지 갈등 해결 방법을 언어로 설명할 수 있고, 바람직한 갈등 해결 방법을 설명하고 이를 실생활에서 실천할 수 있다.
중	3가지 갈등 해결 방법을 언어로 설명할 수 있지만, 바람직한 갈등 해결 방법을 설명하는 데 어려움이 있다.
하	3가지 갈등 해결 방법을 언어로 설명하는 데 어려움이 있고, 바람직한 갈등 해결 방법을 설명하는 데 어려움이 있다.

활동 순서와 방법

도입

갈등이란?

1 갈등과 관련된 이야기를 나누며 오늘의 수업을 안내합니다.

- "여러분, 학교에서 친구와 다투었던 기억이 있나요? 그때 어떤 기분이었나요?"
- "갈등이란 친구나 가족과 생각이 달라서 문제가 생기는 것을 말해요."
- "오늘은 갈등을 올바르게 해결하는 방법에 대해 함께 이야기를 나눠 볼 거예요."

활동1

동물들의 갈등 해결 방법은?

1 3가지 갈등 해결 방법 소개

- 3가지 갈등 해결 방법을 하나씩 소개합니다.
- 각 방법을 소개하면서 떠오르는 동물이 있다면 손을 들고 발표하도록 안내합니다.

Tip ✓ PPT에 동물 실루엣이나 그림자를 보여 주어 정답을 맞히도록 도울 수 있습니다.

3가지 동물: 갈등을 어떻게 해결할까?

동물	특징	장점	단점
거북이	갈등이 생기면 피하려고 함	감정을 가라앉히는 시간이 생김	갈등이 해결되지 않음
올빼미	친구들의 이야기를 잘 듣고 지혜롭게 해결	문제를 평화롭게 해결할 수 있음	결정을 내리는 데 시간이 걸릴 수 있음
상어	자신의 의견을 강하게 주장	원하는 결과를 얻을 수도 있음	때때로 공격적일 수 있음

Tip
✓ 3가지 갈등 해결 방법과 관련된 장점과 단점을 PPT 화면에 제시하여 이해를 돕습니다.
✓ 동물의 특징과 연관 지어 갈등 해결 방법을 소개합니다.
(예: 거북이는 느림을 상징, 올빼미는 큰 눈과 똑똑함을 상징, 상어는 날카로운 이빨과 귀가 없음을 상징)

2 '이건 무슨 동물일까요?' 선생님이 보여 주는 갈등 해결 퀴즈

- 선생님이 갈등 상황을 하나 제시하고, 등장인물이 각 동물의 갈등 해결 방식을 적용하는 모습을 연기합니다.

- 학생들은 등장인물의 반응을 보고, 이 행동이 어떤 동물의 갈등 해결 방식인지 손을 들고 맞힙니다.
- 정답을 맞힌 후, 각 해결 방식의 장점과 단점을 함께 이야기해 봅니다.

예시 상황

- 상황: 친구와 놀고 싶었지만, 친구가 다른 친구랑만 놀아서 속상한 상황

거북이 반응: "(그냥 아무 말도 안 하고) 집에 가야겠다……."
(고개 숙이고 피하는 모습)

올빼미 반응: "너랑 놀고 싶었는데 아쉽다. 다음에는 같이 놀 수 있을까?"
(친구에게 차분하게 말하는 모습)

상어 반응: "왜 나랑 안 놀아? 나랑 놀아야지!"
(강한 어조로 말하는 모습)

Tip

✔ 상황별로 선생님이 조금씩 연기를 다르게 하며 학생들의 흥미를 유도합니다.
✔ 학생들이 더 쉽게 맞힐 수 있도록 표정, 목소리, 제스처를 강조해서 표현해 주세요!
✔ 학생들이 정답을 맞힌 후, "이 방법은 어떤 장점과 단점이 있을까?"라고 질문하며 토론을 유도합니다.

활동1 올빼미처럼 해결해요!

준비물 갈등 상황 역할극 카드(교사 참고 자료), 활동지 6-1

1 올빼미 방법 소개

- 선생님이 올빼미처럼 해결하는 3단계 방법을 알려 줍니다.
  ① 문제 파악하기: 어떤 갈등이 생겼는지 이해해요.
  ② 상대방의 생각 듣기: 상대방의 감정과 생각을 들어 봐요.
  ③ 지혜롭게 해결하기: 차분하게 내 입장을 말하고 해결 방법을 찾아요.
- "여러분은 평소 갈등이 생겼을 때, 올빼미처럼 해결했던 경험이 있나요?"
- "갈등을 그냥 참고 넘어가는 것도 한 방법일 수 있지만, 서로의 생각을 듣고 지혜롭게 해결하는 것이 왜 더 좋을까요?"

2 올빼미가 되어 볼까요?

- 역할극을 통해 올빼미처럼 갈등을 해결하는 연습을 합니다.
  ① 3명씩 짝을 지어 갈등 상황 역할극 카드를 하나 뽑습니다.
  ② 카드에 적힌 상황에서 거북이, 상어, 올빼미 역할을 정합니다.
  ③ 각자 맡은 역할에 맞게 행동을 연습한 후, 앞으로 나와 발표합니다.
  (상황 카드 내용은 선생님이 읽어 줍니다.)
  ④ 역할극이 끝난 후, 어떤 방법이 더 좋았는지 이야기를 나눕니다.
- 역할극 예시(상황: "친구가 내 물건을 허락 없이 사용했어요.")
  거북이: "그거 내 물건인데…… 괜찮아……. 너 가져."
  상어: "왜 내 물건 함부로 만져! 나도 네 필통 가져간다!"
  올빼미: "그거 내 물건인데 사용한 이유가 있을까? 다음부턴 그러지 말아 줘."

3 올빼미 선언문 작성하기

- 오늘 활동을 돌아보며, 활동지 6-1에 올빼미처럼 행동하겠다는 약속의 선언문을 작성합니다.

예 "나는 친구와 갈등이 생기면 먼저 친구의 이야기를 들어 볼 거예요!"

정리

내용 정리 및 오늘의 문장 필사하기

1. 갈등 해결 방법 3가지를 정리하고 소감을 나눕니다.
2. 활동한 내용을 기억하며 오늘의 문장을 필사합니다.
3. 바람직한 갈등 해결 방법을 일상에서 실천해 봅니다.

오늘의 문장 나는 친구를 존중하며 갈등을 해결해요.

갈등 상황 역할극 카드

상황	역할극
친구가 내 색연필을 허락 없이 썼어요.	• 거북이: "다음엔 조심해."라고 작게 말하고 가만히 있어요. • 상어: "왜 내 거 써!"하고 화를 내요. • 올빼미: "속상하다. 다음엔 물어보고 써 줘."라고 말해요.
줄 서다가 친구가 새치기를 했어요.	• 거북이: "엇…… 그래……. 뭐…… 기다릴게." 하고 작게 말해요. • 상어: "야! 새치기 하지 마!" 하고 소리쳐요. • 올빼미: "똑바로 같이 줄 서자."라고 말해요.
놀이시간에 하고 싶은 놀이가 달라요.	• 거북이: "그래. 네가 하고 싶은 거 해야지." 하고 속상해요. • 상어: "싫어! 난 이거 할 거야!" 하고 소리쳐요. • 올빼미: "이번에 너가 좋아하는 걸 하고, 다음번엔 내가 좋아하는 걸 할까?"
친구가 내가 그린 그림을 보고 놀렸어요.	• 거북이: "아 그래……?" 하고 슬퍼져요. • 상어: "너나 잘해!" 하고 버럭해요. • 올빼미: "내 그림도 소중해. 놀리지 말아 줘."라고 말해요.
친구가 줄넘기할 때 나를 밀었어요.	• 거북이: "난 괜찮아." 하고 아파하면서 지나가요. • 상어: "왜 밀어!" 하고 소리쳐요. • 올빼미: "다칠 뻔했어. 다음엔 조심해 줘."라고 말해요.
친구가 내 이름을 잘못 불렀어요.	• 거북이: "아…… 아닌데……." 하며 아무 말도 못하고 속상해요. • 상어: "내 이름 몰라?! 왜 잘못 불러!" 하고 화를 내요. • 올빼미: "내 이름 ○○야. 다음엔 이렇게 불러 줘."라고 말해요.

가정통신문 자료 다운로드

갈등의 경험 나누기!

1. 목표

가족이 함께 갈등 해결 방법 3가지 중 내가 자주 쓰는 방법을 이야기하고 관련된 경험을 공유합니다. 함께 대화하며 더 나은 해결 방법을 발견합니다.

2. 활동 방법

1) 자신이 자주 사용하는 갈등 해결 방법을 이야기하고 관련된 경험 공유하기

2) '올빼미'처럼 해결하려면 어떻게 하면 좋은지 의논하기

올빼미처럼 해결하는 3단계 방법

① 문제 파악하기: 어떤 갈등이 생겼는지 이해해요.

② 상대방의 생각 듣기: 상대방의 감정과 생각을 들어 봐요.

③ 지혜롭게 해결하기: 차분하게 내 입장을 말하고, 해결 방법을 찾아요.

3) 다음번엔 올빼미처럼 해결할 수 있도록 격려하고 응원하기

갈등 앞에서는 누구든 제대로 대처하지 못할 수 있습니다. 서로 평가하거나 비난하지 말고, 다음번엔 더 좋은 대처를 할 수 있도록 응원하고 위로해 주세요.

올빼미처럼 해결해요!

___학년 ___반 이름:________

올빼미처럼 갈등 해결하는 3단계 방법은?

1단계	2단계	3단계
______ 파악하기	상대방의 ______ 듣기	지혜롭게 ______ 하기
어떤 갈등이 생겼는지 이해해요	상대방의 감정과 생각을 들어 봐요.	차분하게 내 입장을 말하고 해결 방법을 찾아요.

올빼미 선언문을 작성해 주세요.

〈올빼미의 말 예시〉

"우리 대화로 풀어 보자!"
"네 생각도 들어 볼게."
"같이 좋은 방법을 찾아보자~"
"너는 원하는 게 뭐야?"
"나는 이렇게 하고 싶은데, 너는 어때?"
"잠깐만 생각해 보고 말해 줄게!"

나는 친구들과 싸우기 전에,

올빼미처럼 "________________"라고 말할 거예요!

2차시 사과는 어떻게 하나요?

자기인식	자기관리	관계인식	관계관리	공동체 가치 인식 및 관리	정신건강 인식 및 관리
		○	○	○	

학습 목표

- 사과의 필요성과 중요성을 이해할 수 있다.
- 사과하는 방법을 이해하고 이를 언어로 실천할 수 있다.

성취 기준 2022 개정 교육과정

[2바01-03] 가족이나 주변 사람을 배려하며 관계를 맺는다.

[2바02-03] 차이나 다양성을 서로 존중하면서 생활한다.

[2즐01-03] 가족이나 주변 사람과 소통하며 어울린다.

수업의 흐름

도입 사과의 경험 ▸ **활동1** 사과가 필요한 순간 ▸ **활동2** 진심으로 사과하는 방법 ▸ **정리** 내용 정리 및 오늘의 문장 필사하기

평가 계획

상	사과의 의미와 그 필요성을 언어로 설명할 수 있고, 사과하는 방법을 언어로 설명할 수 있다.
중	사과의 의미와 그 필요성을 언어로 설명할 수 있지만, 사과하는 방법을 언어로 설명하는 데 어려움이 있다.
하	사과의 의미와 그 필요성을 언어로 설명하는 데 어려움이 있고, 사과하는 방법을 언어로 설명하는 데 어려움이 있다.

활동 순서와 방법

도입 사과의 경험

1 사과와 관련된 이야기를 나누며 오늘의 수업을 안내합니다.

- "사과란 무엇일까요?"
- "우리는 왜 사과를 해야 할까요?"
- "만약 내가 실수해서 친구가 속상해하면 어떻게 해야 할까요?"
- "만약 사과를 하지 않는다면 어떤 일이 생길까요?"
- "우리는 친구들과 함께 지내면서 때때로 실수할 수도 있어요. 그럴 때 친구의 마음을 소중히 여기고 관계를 더 좋게 만들려면 어떻게 해야 할까요? 바로 사과하는 거예요! 이제, 진심을 담아 사과하는 방법을 함께 배워 볼까요?"

활동1 사과가 필요한 순간

1 사과에 대한 오해 ○/× 퀴즈

- PPT에 퀴즈를 제시하고, 학생들이 머리 위로 ○ 또는 ×로 표시합니다.

2 사과의 개념과 필요성 설명

- "사과란, 내가 실수해서 친구가 속상할 때, '미안해.'라고 말하며 마음을 전하는 거예요."
- "만약 나도 모르게 친구를 다치게 했을 때 사과하지 않으면 어떻게 될까요?"
- "사과란, 상대방을 존중하고 다시 좋은 관계로 가는 첫걸음이에요."

3 사과의 장점 알아보기

Q1. 내가 일부러 그런 게 아니면 사과하지 않아도 된다. → (×)

실수라도 상대가 속상해하면 사과할 수 있어요.

Q2. 사과는 '미안해.'라고 말하면 끝난다. → (×)

- 사과는 '미안해.'라고 말하는 것도 중요하지만, 다시 같은 실수를 하지 않도록 노력하는 것도 중요해요!

Q3. 사과하면 무조건 받아 줘야 한다. → (×)

- 친구가 바로 받아들이지 않을 수도 있어요. 용서는 시간이 걸릴 수도 있어요!

Q4. 사과하는 것은 약한 모습이다. → (×)

- 사과하는 것은 약한 게 아니라, 용기가 필요한 행동이에요! 친구와 다시 좋은 사이가 될 수 있는 기회예요!

Q5. 사과는 상대방이 꼭 받아 줘야만 진정한 사과다 → (×)

- 사과는 용서를 받기 위해서가 아니라, 내 잘못을 인정하고 미안한 마음을 전하는 것이에요. 친구가 바로 용서하지 않아도, 진심을 담아 사과하는 게 중요해요!

Q6. 사과는 항상 바로 해야 하는 것이다. → (△)

- 빠를수록 좋지만, 친구가 너무 화가 나 있을 때는 잠시 기다렸다가, 꼭 사과하는 게 좋아요!

Q7. 상대방이 기분 나쁘다고 해서 무조건 사과해야 하는 걸까요? → (×)

- 사과는 내가 잘못했을 때 하는 거예요. 하지만 친구가 속상해하면, '왜 기분이 나쁜지' 먼저 물어보는 게 중요해요!

Q8. 사과는 먼저 하는 사람이 지는 것이다? → (×)

- 사과는 지는 게 아니라, 우리 사이를 좋게 만들어 주는 거예요.

• "사과를 하면 어떤 점이 좋을까요? 모둠별로 상의해서 발표해 주세요."

예 친구와 더 돈독해진다, 친구를 잃지 않는다, 죄책감이 사라진다, 다시 실수하지 않을 성장의 기회가 된다 등

활동2

진심으로 사과하는 방법

준비물 사과의 말 '사이다' 음원 링크, 활동지 6-2, 갈등 상황 카드(교구)

1 노래를 통해 사과 표현 배우기

- "사과의 말 '사이다'를 듣고 같이 불러 볼까요?"

나도 모르게 친구의 마음에 상처를 줄 수 있죠.
그럴 땐 주저하지 말아요. '사이다'로 표현해!
(사!) 사과의 말을 전해요.
(이!) 이야기를 해 줘요.
(다!) 다음번엔 안 그럴게. 우리 다시 시작해~
나도 모르게 친구의 마음에 상처를 줄 수 있죠.
그럴 땐 주저하지 말아요. '사이다'로 표현해!

- "노래에 나오는 사과의 표현에는 어떤 것이 있었나요?"

사과의 요소(사이다)

① 사과의 말을 전해요. (예 미안해, 잘못했어.)
② 이유를 이야기해요. (예 내가 실수로 너의 컵을 잃어버렸어.)
③ 다음번엔 그러지 않겠다고 약속해요. (예 다음부턴 다신 그러지 않을 거야, 약속해.)

2 활동지 6-2를 개인별로 나누어 줍니다.

① 내 마음 꾸미기
- 좌측 구름 '내 마음'에 사과할 때의 미안한 표정을 그립니다.
- "친구에게 미안할 때 나의 표정은 어땠나요? 미안한 마음을 담아서 표정을 그려 보세요!"

② '사이다' 단계에 맞춰 무지개 다리 채우기
- 무지개 다리의 3가지 색깔 칸에 '사이다' 단계를 따라 적고 꾸밉니다.
  - 빨강 칸: 사과의 말을 전해요.
  - 노랑 칸: 이야기를 해 줘요.

- 초록 칸: 다음번엔 안 그럴게!

③ 친구 마음 그려 보기

- 우측 구름 '친구 마음'에 사과를 듣고 난 후 친구의 마음이 어떻게 변했을지 상상하며 표정을 그립니다.
- "친구가 사과를 듣고 나서 어떤 표정이 되었을까요? 표정을 그려 보세요!"

3 갈등 상황을 제시하고 '사이다'에 맞게 내용을 작성합니다.

예 사: 사과한다. "미안해."

이: 이유를 이야기해 준다. "내가 ____________했어."

다: 다음번엔 안 그러기로 약속한다. "다음번엔 _________할게."

Tip ✓ 갈등 상황 카드가 있다면 함께 나눠 주고, 없다면 선생님이 몇 가지 갈등 상황을 제시합니다.

예 친구가 빌려준 연필을 부러뜨렸습니다. / 약속 시간에 맞춰 놀이터에 나가기로 했는데 깜빡하고 나가지 못했습니다. / 친구의 미술 작품에 물을 엎질렀습니다.

4 진심으로 사과를 받는다면, 친구 사이는 어떻게 될지 빈칸을 채워 넣습니다.

예 두 구름을 이어 주는 무지개처럼 "다시 친한" 사이가 될 거예요!

정리

내용 정리 및 오늘의 문장 필사하기

1. 사과하는 방법을 정리하고 소감을 나눕니다.
2. 활동한 내용을 기억하며 오늘의 문장을 필사합니다.
3. 진심으로 하는 사과 방법을 일상에서 실천해 봅니다.

오늘의 문장 **친구 마음을 속상하게 했다면, 내가 먼저 사과해요.**

가정통신문 자료 다운로드

사과의 경험 나누기

1. 목표

사과에 필요한 태도와 방해되는 태도를 구분할 수 있습니다.

2. 활동 방법

1) 좋은 사과란?

- 가족이 함께 모여 오늘 학생이 배운 사과의 3요소를 설명하면 다른 사람들은 경청합니다. 그 후 좋은 사과에 필요한 태도나 표현에는 어떤 것이 있고, 사과에 방해되는 표현이나 태도에는 어떤 것들이 있는지 함께 이야기해 봅니다.
- 사과의 필수 요소와 방해 요소는 함께 제공하는 자료를 보며 함께 이야기합니다.

2) 활동 소감 나누기

- 다음 빈칸에 들어갈 말을 채워 넣으며 소감을 공유합니다.

사과란 ________ 이다. 왜냐하면 ________ 이기 때문이다.

활동지 6-2 저

진심으로 사과하는 방법

___학년 ___반 이름:__________

1. 사과하는 방법 '사이다'를 적어 보세요.

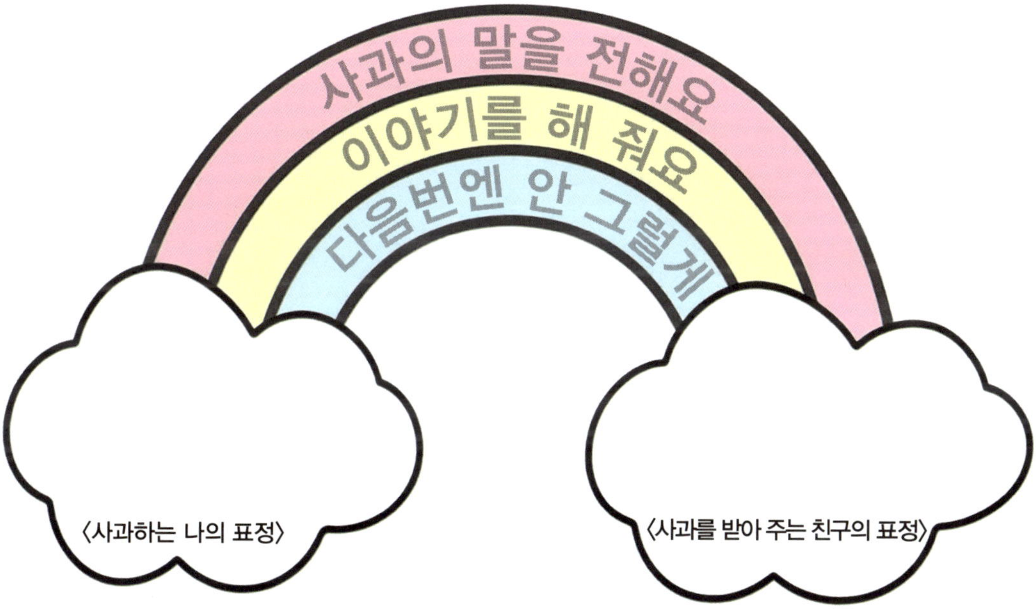

2. 사과의 말 '사이다'에 맞게 빈칸을 채워 넣어 주세요.

사: 사과해요. ········ "친구야, __________."

이: 이유를 이야기해 줘요. ········ "내가 실수로 __________ 했어."

다: 다음번엔 안 그러기로 약속해요. ········ "다음번엔 __________ 할게."

3. 진심으로 사과를 받는다면, 친구 사이는 어떻게 될까요?

두 구름을 이어 주는 무지개처럼

__________ 사이가 될 거예요!

제2부

고학년

1. 내 마음을 이해하고 표현해요
2. 내 마음을 조절하고 돌봐요
3. 더 나은 나로 성장해요
4. 함께라서 더 좋아요
5. 공감하고 대화해요
6. 갈등을 해결해요

1

내 마음을 이해하고 표현해요

1차시	감정을 알아맞혀 봐!	✰ 감정 단어를 놀이로 배우는 즐거운 수업 ✰ 감정을 제대로 알면 마음 표현도 훨씬 쉬워져요.
2차시	내 마음 제대로 전하는 법	✰ "짱나요, 몰라요."만 외치는 아이들에게 필수! ✰ 표현만 바꿔도, 다툼은 줄고 관계는 더 좋아질 수 있어요.

1차시 감정을 알아맞혀 봐!

자기인식	자기관리	관계인식	관계관리	공동체 가치 인식 및 관리	정신건강 인식 및 관리
○		○			

학습 목표

- 여러 가지 감정 단어의 뜻과 차이를 이해하고, 상황에 맞게 감정을 정확하게 표현할 수 있다.
- 친구가 표현한 감정을 관찰하며, 서로 다른 느낌이나 반응을 비교하고 이유를 함께 이야기한다.

성취 기준 2022 개정 교육과정

[4국02-01] 글의 의미를 파악하며 유창하게 글을 읽는다.

[6국01-03] 주제와 관련하여 궁금한 내용을 질문하며 적극적으로 듣고 말한다.

[6미01-02] 자신이나 주변 환경에서 찾은 감각적 특징, 느낌, 생각 등을 관련지어 나타낼 수 있다.

수업의 흐름

도입: 감정 단어의 중요성 이해하기 ▶ 활동1: 내 감정 어휘력은 몇 점? ▶ 활동2: 감정 단어 릴레이 퀴즈 ▶ 정리: 내용 정리 및 오늘의 문장 필사하기

평가 계획

상	여러 가지 감정 단어를 정확히 이해하고 기억하여 실제 상황에서 구체적인 몸짓과 표정으로 감정을 표현한다. 친구들의 표현을 잘 비교하고 감정이 다른 이유를 적극적으로 이야기한다.
중	배운 감정 단어를 부분적으로 이해하고, 기억하여 상황에 맞춰 간단한 몸짓과 표정으로 감정을 표현해 보며, 친구들의 표현을 어느 정도 구별하고 짧게 소감을 말한다.
하	감정 단어를 기억하거나 활용하기가 어려워 몸짓·표정으로 감정을 표현하는 데 소극적이고, 친구들의 감정 표현을 이해하거나 공감하는 데에도 참여가 적다.

활동 순서와 방법

도입

감정 단어의 중요성 소개하기

- 감정 단어를 정확히 아는 것이 왜 중요한지 설명하며, 오늘의 수업을 안내합니다.

"여러분, 기분이 좋거나 나쁠 때, 그 감정을 정확하게 표현할 수 있나요?
예를 들어, 친구가 내 연필을 빌려 갔는데 돌려주지 않았어요. 이럴 때 어떤 느낌일까요?
(아이들 대답 예시: 화나요, 짜증나요, 속상해요 등)
만약 이럴 때, '몰라요.' '기분 나빠요.'라고만 하면 친구가 내 속마음을 정확하게 이해할 수 있을까요?
우리가 감정 단어를 더 많이 알고 있다면, 내 기분을 더 정확하게 표현할 수 있고, 다른 사람도 내 마음을 더 잘 이해할 수 있어요. 오늘은 우리가 얼마나 많은 감정 단어를 알고 있는지 확인하고, 재미있는 게임을 하면서 감정 단어를 알아보는 시간을 가져 볼 거예요!"

활동1

내 감정 어휘력은 몇 점?

1 게임 방식 소개하기

- 총 7문제로 구성된 퀴즈입니다.
- 각 문제마다 두 가지 감정 단어가 제시되어 있어요.
- 상황에 가장 잘 어울리는 감정 단어를 고른 뒤, 손을 들어 주세요!

Tip ✓ 이 활동은 주어진 상황에 더 가까운 감정을 떠올려 보는 것이 핵심입니다. 학생마다 느끼는 감정은 다를 수 있지만, 상황에 비춰 더 적절한 감정을 함께 찾아가는 데 초점을 맞춰 진행해 주세요.

2 문제 진행 및 해설

- 정답을 공개한 후, 감정 단어의 차이를 간단히 해설합니다.
- 맞힌 개수를 세어 자신의 감정 어휘 점수를 기록합니다.

감정 어휘력 등급

- ☐ 9~11점 → 감정 표현 전문가!
- ☐ 6~8점 → 감정 단어 박사님!
- ☐ 3~5점 → 감정 단어 탐험가!
- ☐ 0~2점 → 감정 표현 연습이 필요해요!

Q1. 숙제해야 하는데, 너무 하기 싫어요. 나는? (1점)

① 지루하다　　② **귀찮다**

✓ 귀찮다 → 하기 싫고 번거롭게 느끼는 감정
✓ 지루하다 → 뭔가를 하고 있지만 재미가 없을 때 느끼는 감정

💡 숙제를 해야 하지만 '하고 싶지 않고 번거롭게 느껴지는 감정'이니까 귀찮다가 더 적절해요!

Q2. 따뜻한 햇볕 아래에서 조용히 누워 있어요. 나는? (1점)

① **편안하다**　　② 즐겁다

✓ 편안하다 → 몸과 마음이 안정되고 긴장이 풀린 상태
✓ 즐겁다 → 신나고 재미있는 활동을 할 때 느끼는 감정

💡 조용히 쉬고 있는 상황이니까 편안하다가 맞아요!

Q3. 친구들이 내가 만든 쿠키를 맛있다고 칭찬해 줬어요. 나는? (1점)

① 기대된다　　② **뿌듯하다**

✓ 뿌듯하다 → 내가 한 일이 만족스러울 때 느끼는 감정
✓ 기대된다 → 앞으로 좋은 일이 생길 것 같아 기분이 좋은 감정

💡 쿠키를 만들고, 친구들이 맛있다고 해 줬다면 '내가 한 일'이 만족스러운 감정이니까 뿌듯하다가 더 적절해요!

Q4. 발표를 앞두고 내 차례가 점점 다가오고 있어요. 나는? (2점)

① **긴장된다**　　② 불안하다

✓ 긴장되다 → 중요한 순간을 앞두고 조마조마한 감정
✓ 불안하다 → 어떤 일이 생길지 몰라서 막연히 걱정되는 감정

💡 발표처럼 구체적인 순간이 다가오는 상황이라면 긴장된다가 더 적절해요!

Q5. 친구가 내가 좋아하는 간식을 몰래 먹었어요. 나는? (2점)

① 화나다 ② 짜증 나다

✔ 화나다 → 뭔가가 불공평하거나 나쁜 일이 있어서 강한 분노를 느낄 때

✔ 짜증 나다 → 귀찮거나 불편한 일이 생겨서 기분이 나빠질 때 느끼는 감정

💡 친구가 내 간식을 '몰래' 먹었다면, 부당한 일이니까 화나다가 더 적절해요!

Q6. 친구들과 다 같이 놀러 가기로 했는데, 나만 빼고 갔어요. 나는? (2점)

① 실망하다 **② 서운하다**

✔ 서운하다 → 친구나 가족이 나를 신경 써 주지 않아서 속상한 감정

✔ 실망하다 → 기대했던 결과나 상황이 잘못돼서 마음이 안 좋은 감정

💡 '친구들이 나를 챙겨 줄 줄 알았는데 그렇지 않아서 속상한 감정'이므로, 서운하다가 더 적절해요!

Q7. 지각했는데 버스가 오지 않아서 발을 동동 굴러요. 나는? (2점)

① 초조하다 ② 짜증 나다

✔ 초조하다 → 뭔가 빨리 해결됐으면 좋겠는데 안 돼서 조급한 감정

✔ 짜증 나다 → 귀찮거나 불편한 일이 생겨서 기분이 나쁜 감정

💡 '버스가 빨리 와야 하는데 오지 않아서 조마조마하고 조급한 감정'이므로, 초조하다가 더 적절해요!

활동2

감정 단어 릴레이 퀴즈

1 팀 나누기 및 게임 설명하기

- 학생들을 4~6명씩 팀으로 나눕니다.
- 게임은 릴레이 방식으로 진행됩니다.

(팀원들이 돌아가며 감정을 설명하고, 나머지 팀원이 정답을 맞힙니다.)

2 게임 진행 방법

- 한 라운드 진행 순서

① 선생님이 감정 단어를 한 명에게 보여 줍니다.

② 각 팀에서 한 명이 나와, 그 감정을 직접 말하지 않고, 상황과 행동을 통해 설명합니다.

③ 같은 팀 친구들은 설명을 듣고 감정 단어를 맞혀 봅니다.

④ 정답을 맞히면 다음 팀원이 나와 다음 단어를 설명합니다.

⑤ 제한 시간(예: 2~5분) 동안 최대한 많은 정답을 맞히는 팀이 승리합니다.

3 감정 단어 표현 규칙

- 문제를 설명할 때는 다음 두 가지를 중심으로 표현합니다.
  - ✔ 언제 그런 감정을 느끼는지
  - ✔ 그때 어떤 행동을 하는지

  표정이나 간단한 제스처를 써도 좋아요!

  금지 규칙: 감정 단어를 말로 직접 언급하면 안 됩니다!

  예 긴장되다.

  "긴장되는 감정이야." (×)

  ↳ 올바른 설명: "시험 보기 전에 손에 땀이 나고, 심장이 두근거리는 감정이야!"
- PASS는 2번 가능합니다.
- 모든 단어를 맞힌 팀은 가장 빠르게 성공한 순서에 따라 승리합니다.

1조	기대된다, 뿌듯하다, 서운하다, 우울하다, 짜증 나다, 걱정스럽다, 신기하다, 지루하다, 감탄하다, 당황하다, 밉다, 피곤하다
2조	편안하다, 행복하다, 속상하다, 불만스럽다, 초조하다, 감탄하다, 귀찮다, 불쾌하다, 신경질 나다, 호기심이 생기다, 찝찝하다, 충격받다
3조	즐겁다, 실망하다, 외롭다, 답답하다, 신경질나다, 긴장되다, 충격받다, 무섭다, 걱정스럽다, 의욕이 없다, 불안하다, 서운하다
4조	기대된다, 즐겁다, 화나다, 불안하다, 무섭다, 찝찝하다, 의욕이 없다, 초조하다, 당황하다, 억울하다, 짜증 나다, 피곤하다
5조	행복하다, 뿌듯하다, 서운하다, 답답하다, 초조하다, 당황하다, 피곤하다, 심심하다, 실망하다, 귀찮다, 지루하다, 감탄하다
6조	편안하다, 신기하다, 속상하다, 불쾌하다, 긴장되다, 억울하다, 심심하다, 외롭다, 밉다, 행복하다, 호기심이 생기다, 화나다

4 팀원들이 정답 맞히기

- 제한 시간(예: 2분, 5분) 안에 팀원들이 가능한 많은 감정 단어를 맞혀야 합니다.
- 정답을 맞히면 바로 다음 친구가 나와 감정을 설명합니다.

- 팀별로 정답 개수를 기록하며 진행합니다.

5 어려운 감정 단어 학습하기

- 아이들이 맞히기 어려웠던 감정 단어는 준비된 PPT를 통해 다시 학습합니다.
- 선생님이 해당 감정 단어의 뜻과 예시를 설명하며, 학생들이 다 함께 단어를 읽어 봅니다.

Tip ✓ 감정 단어의 뜻을 정확히 이해할 수 있도록 짧은 예시를 나눠 보는 것도 좋습니다.

정리

내용 정리 및 오늘의 문장 필사하기

1. 감정 단어를 활용하여 자신의 감정을 정확히 표현하는 것의 중요성을 정리하고 소감을 나눕니다.
2. 활동한 내용을 기억하며 오늘의 문장을 필사합니다.
3. 내 감정을 잘 표현하는 연습을 일상에서 실천해 봅니다.

오늘의 문장 내 감정을 딱 맞는 단어로 표현해요.

가정연계활동

가정통신문 자료 다운로드

우리 가족 감정 스무고개

1. 목표

가족이 함께 감정 단어를 탐구하며, 감정 표현과 소통의 기회를 만듭니다.

2. 활동 방법

1) 감정 단어 목록 준비하기

- 학생이 수업 시간에 배운 감정 단어를 활용하거나, 가족이 쉽게 이해할 수 있는 감정 단어를 종이 쪽지에 적습니다.

2) 게임 진행하기

- 가족 중 한 사람이 감정 쪽지를 한 장을 선택하여, 마음속으로 그 감정을 정합니다.
- 다른 가족 구성원들은 20문제(스무고개) 형식으로 '예/아니요'로 대답할 수 있는 질문을 하며, 그 감정이 무엇인지 추측합니다.

  예 "이 감정은 긍정적인 감정인가요?"

  "이 감정을 느낄 때 신체 반응이 뚜렷하게 나타나나요?" 등
- 총 20개의 질문 내에 정답을 맞히도록 가족 모두가 협력하여 질문하고 추측합니다.

3) 게임 종료 및 소감 나누기

- 정해진 질문 안에 감정 단어를 맞히면 게임을 성공적으로 마무리합니다.
- 게임 후에는 각 가족 구성원이 이번 활동을 통해 느낀 점과, 감정을 표현하는 다양한 방법에 대해 간단히 소감을 나눠 보세요.

가정에서 함께하는 사회정서활동 안내

- 우리 가족 감정 스무고개

학부모님께,

안녕하세요? 항상 우리 학생들의 성장과 학습을 응원해 주셔서 감사합니다. 우리 반에서는 우리 학생들이 감정을 잘 표현하고 이해할 수 있도록 돕는 사회정서수업을 진행하고 있습니다. 이번 주 저희 반에서 진행한 '감정을 알아맞혀 봐!' 수업 내용을 안내하고 가정에서도 실천하실 수 있는 내용을 소개해 드리고자 합니다.

1. 교실에서 어떤 활동을 했나요?

학생들은 4~6명씩 팀을 이루어, PPT에 제시된 감정 단어(예: 행복하다, 실망하다, 긴장되다)를 신체적 표현과 상황 설명으로 전달하는 릴레이 퀴즈를 진행했습니다. 단어를 직접 말하지 않고 표정, 제스처 등을 활용하여 감정을 표현하며, 팀원들이 제한 시간 내에 감정 단어를 맞추는 방식으로 진행되어, 감정 단어에 대한 다양한 이해와 표현 능력을 키웠습니다.

2. 이 활동이 왜 중요한가요?

감정 단어를 구체적으로 표현하는 연습은 학생들이 자신의 감정을 정확하게 인식하고 조절하는 데 큰 도움이 됩니다. 또한 다양한 방식의 감정 표현을 통해 친구들의 감정을 이해하고 공감하는 능력을 배양할 수 있습니다.

3. 가정에서 함께 해 보면 좋은 활동은 무엇인가요?

가정에서는 첨부된 워크북을 활용하여 '우리 가족 감정 스무고개'를 진행해 보세요. 가족이 돌아가며 감정 단어를 정하고, 질문을 통해 감정을 유추하는 활동을 하면서 감정에 대해 깊이 탐색하고 서로의 감정을 이해하는 기회를 가질 수 있습니다. 이 과정을 통해 감정을 더욱 풍부하게 표현하고 자연스럽게 소통하는 경험을 만들어 보세요.

항상 아이들의 성장을 응원해 주셔서 감사합니다.

담임 선생님 드림

★ 이번 장에서 제공된 가정통신문 예시는 학생들과의 활동을 가정에서도 자연스럽게 이어 갈 수 있도록 돕기 위한 자료입니다. 가정통신문 자료는 책날개에 있는 QR코드를 통해 다운로드하실 수 있습니다.

우리 가족 감정 스무고개(워크북)

1. 감정 단어 목록을 준비해 주세요.

- 학생이 수업 시간에 배운 감정 단어를 활용하거나, 가족이 이해하기 쉬운 감정 단어를 종이쪽지에 적어 여러 장 준비합니다.

2. 감정 스무고개를 진행합니다.

- 가족 중 한 사람이 감정 쪽지를 한 장 선택하고, 마음속으로 그 감정을 정합니다.
- 다른 가족 구성원들은 20개의 질문(스무고개) 안에 감정을 맞히는 게임을 진행합니다.
- 질문은 '예/아니요'로만 대답할 수 있도록 해야 합니다.
- 20개의 질문 안에 감정 단어를 맞히면 게임 성공!

  예 "이 감정은 주로 기쁜 일이 생겼을 때 느끼나요?"
  "이 감정을 느낄 때 심장이 빨리 뛰나요?"

3. 게임을 종료한 뒤에는 함께 소감을 나눠 보세요.

- 게임 후, 가족 구성원들이 감정에 관해 이야기하는 시간을 가져 보세요.
- 맞힌 감정에 대해 다음 질문을 활용하여 감정을 탐색해 봅니다. 감정을 단순히 맞히는 것이 아니라, 감정에 관한 대화를 나누는 과정이 중요합니다.

  예 "이 감정을 최근에 언제 느껴 봤나요? 그때 마음이 어땠어요?"

4. 활동을 마치며 - 소감 나누기

- 이번 활동을 해 보니 어떤 느낌이 들었나요?

2차시 내 마음 제대로 전하는 법

자기인식	자기관리	관계인식	관계관리	공동체 가치 인식 및 관리	정신건강 인식 및 관리
○		○	○		

학습 목표

- 갈등 상황에서 자신이 자주 사용하는 말과 행동을 돌아보고, 그 영향을 생각할 수 있다.
- '마음이요' 표현법(마음 – 이유 – 요청)을 익히고, 자신의 감정을 차분하게 표현할 수 있다.
- 상대와의 갈등 상황에서 관계를 회복할 수 있는 말과 행동을 실천해 볼 수 있다.

성취 기준 2022 개정 교육과정

[4도02-03] 공감의 태도가 필요한 이유를 이해하고 도덕적 상상력을 바탕으로 대상과 상황에 따라 감정을 나누는 방법을 탐구하여 실천한다.

[4국01-04] 상황과 상대의 입장을 이해하고 예의를 지키며 대화한다.

[6도01-02] 생활 습관에 대한 성찰을 통해 자기 생활을 점검하고 올바른 계획을 세워 이를 실천한다.

수업의 흐름

도입 이럴 때 나는? ▶ **활동1** '마음이요' 연습하기 ▶ **활동2** 이럴 땐 마음이요! ▶ **정리** 내용 정리 및 오늘의 문장 필사하기

평가 계획

상	갈등 상황에서 자신의 감정을 구체적으로 표현하며, '마음이요' 표현을 정확히 사용하여 차분하게 감정을 전달할 수 있다. 또한 관계 회복을 위한 표현과 태도를 스스로 고민하고, 적절한 말과 행동으로 해결 방향을 제시한다.
중	'마음이요' 표현을 시도하나, 일부 표현이 어색하거나 요청이 모호하게 전달된다. 갈등 상황에 대한 해결 의지는 보이나 구체적인 표현에서는 다소 도움이 필요하다.
하	'마음이요' 사용이 미흡하고, 갈등 상황에서 자신의 감정을 말로 전달하는 데 어려움을 보인다. 관계 회복을 위한 의사 표현이 부족하거나, 태도 면에서 소극적인 모습을 보인다.

활동 순서와 방법

도입

이럴 때 나는?

준비물 포스트잇

1 갈등 상황에 대한 나의 반응을 포스트잇에 작성하기

- PPT에 갈등 상황을 제시하고, 학생들은 평소 나의 반응을 포스트잇에 적어서 제출합니다.

상황: 수업 시간에 모둠 활동을 하는데 한 친구가 계속 내 의견을 무시하고 킥킥 웃는 거예요. 그래서 짜증이 나서 (   ).

2 의견 나누기

- 학생들이 제출한 포스트잇을 말과 행동의 방식에 따라 두 가지로 나누어 분류한 뒤, 함께 이야기를 나눕니다.
  ① 마음을 차분하게 표현하며 상황을 해결하려는 말
  ② 화를 내거나 감정을 폭발시키며 상황을 더 어렵게 만든 말

Q. 이 상황에서 어떤 말이나 행동이 도움이 될까요?

Q. 어떤 말이나 행동이 도움이 되지 않았을까요? 그 이유는 무엇일까요?

3 수업 안내하기

- 내가 갈등 상황에서 어떤 말과 행동을 하느냐에 따라 결과가 달라질 수 있다는 것을 정리하며 '마음이요' 표현법을 소개합니다.

활동1

'마음이요' 연습하기

1 '마음이요' 소개하기

- '마음이요' 세 가지 단계를 간단히 상기하며 예시를 통해 연습합니다(자세한 내용은 저학년 1단원 2차시 참고).

  예 "사실 나는 ________(감정)이야. 왜냐하면 ________(이유)이기 때문이야. 앞으로는 ________(요청)."

예 친구가 내 말을 가로막고 자기 말만 할 때 → "사실 나 좀 답답했어. 왜냐하면 내 이야기도 하고 싶었는데, 중간에 자꾸 말이 끊겨서 말할 기회를 잘 못 찾았거든. 앞으로는 내 얘기도 끝까지 들어 주면 좋겠어."

2 예시를 통해 연습하기

- 학생들이 자주 경험하는 갈등 상황을 예시로 제시하고, '마음이요' 표현법(마음-이유-요청)을 활용해 말로 표현해 봅니다.
- 각 상황을 보고 학생들이 직접 문장을 만들어 발표해 볼 수 있도록 지도합니다.

예 1. 친구가 실수로 내 공책을 찢었는데, 아무 말 없이 그냥 가 버렸어요.

→ "사실 나는 좀 속상했어. 왜냐하면 그 공책은 내가 아끼던 거였는데, 아무 말도 없이 가 버려서 더 마음이 안 좋았거든. 다음에는 미안하다고 한마디만 해 줘."

2. 친구가 나만 빼고 단체 채팅방을 만들었어요.

→ "사실 나는 서운했어. 왜냐하면 나도 같이 놀 줄 알았는데, 나만 빠진 것 같아서 속상했거든. 다음에는 나도 같이 끼워 줬으면 좋겠어."

3. 내가 발표 중인데, 친구가 웃고 장난을 쳤어요.

→ "사실 나는 민망했어. 왜냐하면 열심히 발표하고 있었는데, 웃는 바람에 집중이 안 됐거든. 다음에는 조용히 들어 줬으면 좋겠어."

활동2 이럴 땐 마음이요!

준비물 활동지 1-1

1 포스트잇에 속상했던 말과 상황 작성하기

- 친구나 가족에게 들은 말 때문에 속상했던 경험을 떠올리고, 포스트잇에 적어 봅니다.

예 "나름 열심히 공부했는데, 부모님이 '그것밖에 못 했어?'라고 말했을 때"

→ 속상했던 상황: 시험 결과를 보여 줬을 때

→ 그때 들었던 말: "그것밖에 못 했어?"

2 친구의 속마음을 '마음이요'로 말해 보기

- 모둠별로 포스트잇을 나누어 받은 뒤, 친구의 입장에서 그 상황을 떠올려 봅니다.
- 친구가 그 상황에서 어떤 감정을 느꼈을지 생각해 보고, 활동지를 바탕으로 '마음이요' 표현법(마음-이유-요청)을 적용해 감정을 표현해 봅니다.

정리

내용 정리 및 오늘의 문장 필사하기

1. 감정을 어떻게 표현하느냐에 따라 관계가 달라질 수 있다는 점을 정리하고 소감을 나눕니다.
2. 활동한 내용을 기억하며 오늘의 문장을 필사합니다.
3. 짜증 나거나 속상한 순간에도 내 마음을 차분하게 표현하는 연습을 일상에서 실천해 봅니다.

오늘의 문장 **나는 친구와 다투기 전에 '마음이요'를 떠올리고 실천해요.**

가정연계활동

가정통신문 자료 다운로드

오늘의 한 줄 나누기

1. 목표

가족이 오늘 느낀 감정과 바람을 나누며, 서로의 마음을 이해하고 소통하는 시간을 가져 봅니다.

2. 활동 방법

1) 오늘의 감정과 바람 적기

- 가족 모두가 하루 동안 느낀 감정과 자신의 바람을 한 줄로 적습니다.

예 "엄마는 오늘 밥 먹을 때 다들 핸드폰만 봐서 속상했어. 얼굴 보며 이야기 나누고 싶었거든. 다음에는 식사할 때 잠깐이라도 이야기 나누는 시간이 있으면 좋겠어."

2) 감정과 바람 나누기

- 가족이 돌아가며 적은 문장을 읽고 공유합니다.
- 서로의 감정과 바람을 듣고 짧게 공감하거나 격려의 말을 나눕니다.

예 "다음에는 밥 먹을 때 핸드폰 내려놓고 같이 이야기해요, 엄마."

3) 내일의 실천 다짐

- 가족이 나눈 감정을 바탕으로 내일 실천할 작은 다짐을 한 줄로 정리합니다.

예 "내일 저녁에는 핸드폰 보지 말고, 다 같이 이야기 나눠 보자."

이럴 땐 마음이요!

____학년 ____반 이름: ____________

친구가 작성한 '듣기 싫었던 말'과 그 말이 나왔던 상황을 작성해 보세요.

듣기 싫었던 말: ________________________________

상황: ________________________________

그 말을 들은 친구의 마음을 생각하며 다음의 문항을 작성해 주세요.

1. 그 말을 들은 친구는 어떤 감정일까요?

( ) 화남 ( ) 걱정됨 ( ) 서운함 ( ) 실망 ( ) 기타

2. 친구의 속마음은 무엇일까요? 왜 그런 마음이 들었을까요?

3. 친구가 바라는 건 무엇일까요?

4. 친구가 하고 싶은 말을 '마음이요' 문장으로 바꿔 말해 본다면?

예 사실 내 마음은~ / 왜냐하면~ / 앞으로는~

2

내 마음을 조절하고 돌봐요

1차시	생각의 기술 '가나다라마'	✰ 부정적으로만 생각하는 아이에게 꼭 필요한 수업 ✰ 감정을 다르게 해석하는 '생각의 기술'을 배워요.
2차시	호흡의 기술	✰ 긴장과 불안이 심한 아이에게 꼭 필요한 감정 조절 수업 ✰ 호흡만 바꿔도, 몸과 마음이 훨씬 편안해져요.
3차시	두뇌의 세 가지 모드	✰ "나는 왜 이럴까?" 혼란스러운 사춘기 마음, 두뇌로 이해해요. ✰ 내 머릿속을 알고, 감정을 조절하는 나만의 방법을 찾아요.

1차시 생각의 기술 '가나다라마'

자기인식	자기관리	관계인식	관계관리	공동체 가치 인식 및 관리	정신건강 인식 및 관리
○	○		○		

학습 목표

- 생각이 감정과 행동에 영향을 주는 것을 이해하고 말할 수 있다.
- '가나다라마' 방법을 이해하고 나의 감정 조절에 활용할 수 있다.

성취 기준 2022 개정 교육과정

[4도01-01] 자신의 감정을 소중히 여기며 존중하는 태도를 바탕으로 내가 누구인가를 탐구한다.

[6국01-03] 주제와 관련하여 궁금한 내용을 질문하며 적극적으로 듣고 말한다.

[6도01-01] 자주적인 삶에 대한 이해를 바탕으로 자신의 생활 계획을 세우고 실천하여 주체적인 삶의 태도를 기른다.

수업의 흐름

도입 생각으로 바뀌는 그림 ▶ **활동1** 생각 사다리 타기 ▶ **활동2** 감정을 관리하는 '가나다라마' ▶ **정리** 내용 정리 및 오늘의 문장 필사하기

평가 계획

상	같은 상황에서 생각이 감정과 행동에 미치는 영향을 정확히 설명하고, 자신의 부정적인 생각을 가나다라마 방법을 활용하여 바꿀 수 있다.
중	같은 상황에서 생각이 감정과 행동에 미치는 영향을 말하고, 부정적인 생각을 바꾸는 가나다라마 방법을 말할 수 있다.
하	다른 사람의 도움을 받아 같은 상황에서 생각이 감정과 행동에 미치는 영향을 이해할 수 있고, 가나다라마 방법을 이해할 수 있다.

활동 순서와 방법

도입

생각으로 바뀌는 그림

1 그림으로 흥미 유발하기

- 선생님이 한 번에 두 가지로 볼 수 있는 그림을 통해 흥미를 유발하며 수업을 시작합니다.

2 오늘의 수업 안내하기

"여러분, 이 그림이 무엇으로 보이나요? 토끼일까요? 오리일까요? 한 장의 그림도 우리의 생각에 따라 다르게 느낄 수 있어요! 오늘은 이것처럼 같은 상황을 어떻게 생각하는지에 따라 감정과 행동이 어떻게 달라질 수 있는지 함께 배워 볼 거예요!"

활동1

생각 사다리 게임

준비물 활동지 2-1

1 생각 선택하기

- 선생님이 PPT로 다음 문장을 제시합니다.
- 학생은 문장을 읽고 빈칸에 들어갈 생각을 자유롭게 선택합니다.

- 문장: 수업 시간에 친구가 나를 보고 웃었다. 나는 그 웃음이 ______________라고 생각한다.

1. '나를 비웃는 것이다.' 2. '수업이 재미있나 보다.' 3. '왜 웃지? 내 얼굴이 이상한가?'

2 생각 사다리 게임하기

- 선택한 생각을 했을 때 떠오르는 감정을 사타리 게임 도착 칸에 적습니다.
- 선택하지 않은 다른 번호의 생각들도 같은 방법을 사용하여 활동지를 완성합니다.

3 비교하기

- 처음 선택한 생각과 나머지 생각에서 느껴진 감정을 비교합니다.
- 같은 상황에서도 생각 차이에 따라 감정이 달라질 수 있음을 학습합니다.

활동2

감정을 관리하는 '가나다라마'

준비물 활동지 2–2, 가위, 풀, 테이프

1 생각을 바꾸는 이유 알아보기

- 예시를 통해 같은 상황에서 생각을 바꾸면 감정을 조절할 수 있다는 것을 학습합니다.

  예 상황: 친구가 내 문자에 답장하지 않았다.

  (생각 1) 친구가 나를 무시했다. → 화가 남 → 답장하라고 문자 폭탄을 보냄

  (생각 2) 친구가 바쁜 것 같다. → 아쉬움 → 내가 할 일을 함

2 생각의 기술 '가나다라마' 학습하기

- 선생님이 예시를 통해 '가나다라마' 단계와 내용을 설명합니다.

단계		내용
1	나의 최근 감정은?	나는 어떤 감정을 느꼈나요? 예 억울해요.
2	가만히 상황 살펴보기	어떤 상황인가요? 예 체육시간에 내 실수로 우리 팀이 졌는데, 친구들이 나한테만 뭐라고 해요.
3	나의 생각은?	어떻게 생각하나요? 예 잘 알지도 못하고 나한테 뭐라고 하는 친구들이 미워요.
4	다르게 생각할 수 있을까?	다르게 생각할 수 있나요? 예 친구들은 이기고 싶어서 그렇게 했을 수도 있어요.
5	"그럴 수도 있어."라고 생각해요	나의 상황과 생각이 "그럴 수도 있어!"라고 생각해요.
6	마음 풀기	나만의 방법으로 마음을 풀어요. 예 친구들과 대화하기, 호흡하기, 간식먹기 등

3 '가나다라마' 주사위 만들기

- 부정적인 감정을 느꼈던 상황을 떠올려 활동지를 완성합니다.
- 가위로 활동지를 오려 주사위를 만듭니다.

Tip

✔ 주사위를 꾸며 활동지를 완성하는 것까지만 수업 활동으로 진행할 수 있어요.

✔ 다르게 생각하기를 어려워한다면, '다르게 생각할 수 있어!' 문장을 따라 쓰고 외치는 활동으로 진행할 수 있어요.

4 주사위 '롤링앤고!' 게임하기

• 만든 주사위를 활용하여 모둠별로 생각 조절 게임을 진행합니다.

롤링앤고 게임 규칙

1) 주사위를 던져 나온 숫자와 질문을 확인합니다.

2) 2가지 미션을 수행합니다.

미션 1 칸에 적힌 감정과 관련된 상황 말하기

미션 2 주사위 질문에 대답하기

3) 미션 성공 시 숫자만큼 앞으로 이동하고, 실패 시 제자리로 돌아갑니다.

4) 도착점에 먼저 도착한 사람이 승리합니다.

* [LUCKY], [행운 도착] 칸은 미션을 수행하지 않습니다.

주사위 눈의 수	단계	질문
1	내 감정은?	지금 어떤 감정을 느끼나요?
2	가	어떤 상황일까요?
3	나	어떻게 생각하나요?
4	다	다르게 생각할 수 있나요?
5	라	"지금 상황에서 그럴 수도 있어!" 3번 말하기
6	마	나만의 스트레스 해소 방법 1개 말하기

Tip

✔ 활동지 2-1 주사위에 게임 질문이 적혀 있어요.

✔ '주사위 1' 질문과 미션 1은 같아요. '주사위 1'이 나온 경우, 칸에 적힌 감정과 관련된 상황을 한 번만 대답합니다(미션 1만 진행).

✔ '가나다라마' 단계가 복잡해질수록 주사위 눈의 수가 커져요.

정리

내용 정리 및 오늘의 문장 필사하기

1. 부정적인 생각이 감정과 행동에 미치는 영향과 '가나다라마' 방법을 정리하고 소감을 나눕니다.
2. 활동한 내용을 기억하며 오늘의 문장을 필사합니다.
3. '가나다라마' 연습을 일상에서 실천해 봅니다.

오늘의 문장 **생각을 바꾸면 감정과 행동도 조절할 수 있어요.**

가정연계활동

가정통신문 자료 다운로드

생각 다이어리 쓰기

1. 목표

같은 상황에서 생각을 다르게 바꿔 보며 생각의 폭을 넓히고 감정 조절의 힘을 기를 수 있습니다.

2. 활동 방법

1) '가나다라마' 방법 알기

- 학생이 가족에게 '가나다라마' 생각법을 설명합니다.

단계	내용
감정	나의 최근 감정은?
가	가만히 상황 살펴보기
나	나의 생각은?
다	다르게 생각할 수 있을까?
라	'그럴 수도 있어.'라고 생각하기
마	마음 풀기

2) 부정적인 생각 공유하고 다른 생각 해 보기

- 가족 중 부정적인 생각이 들었던 경험을 떠올려 보고 그때 든 생각, 감정, 이후 행동을 공유합니다.
- 학생이 설명한 '가나다라마' 단계를 함께 진행합니다.
- 가족은 다른 생각 바꾸기에서 다양한 관점의 생각을 공유합니다.
  "그 상황에서 나라면 이렇게 생각할 것 같아."
- 다르게 생각한다면 느꼈을 감정, 행동을 떠올려 보고 가족과 함께 공유합니다.

3) 소감 나누기

- 생각을 바꿔 본 소감과 가정 연계 활동을 통해 알게 된 점을 함께 나눕니다.

생각의 기술

____학년 ____반 이름: __________

1. 다음 문장을 읽고 다음 세 가지 생각 중 빈칸에 들어갈 생각을 골라 보아요.

수업 시간에 친구가 나를 보고 웃었다. 나는 그 웃음이 ______________라고 생각한다.

① '나를 비웃는 것이다.' ② '수업이 재미있나 보다.' ③ '왜 웃지? 내 얼굴이 이상한가?'

2. 앞에서 선택한 번호처럼 생각하며 사다리를 타고, 도착한 칸에는 어떤 감정을 느꼈는지 적어 보아요.

① '나를 비웃는 것이다.' ② '수업이 재미있나 보다.' ③ '왜 웃지? 내 얼굴이 이상한가?'

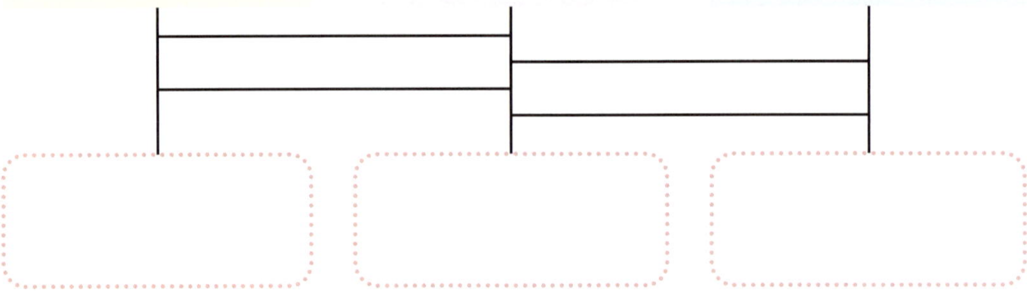

3. 만약 내가 다른 생각(번호)을 선택했다면 어땠을까요?
다른 번호를 선택해서 다시 한번 사다리를 타 보아요. 그때는 어떤 감정을 느낄지 생각하여 남은 칸을 채워 보아요.

4. 바꾸고 싶은 감정을 떠올려 '가나다라마' 방법으로 바꾸어 보아요. 순서대로 대답하며 주사위를 만들어 보아요.

활동지 2-2 고

롤링앤고! 놀이판

놀이 방법

1. 주사위를 던져 나온 숫자와 질문을 확인합니다.
2. 2가지 미션을 수행합니다.
   미션 1 칸에 적힌 감정 관련 상황 말하기, 미션 2 주사위 질문에 대답하기
3. 미션 성공 시 숫자만큼 앞으로 이동하고, 실패 시 제자리로 돌아갑니다.
4. 도착점에 먼저 도착한 사람이 승리합니다.
   * [LUCKY], [행운 도착] 칸은 미션을 수행하지 않습니다.
5. '주사위 1'이 나온 경우, 칸에 적힌 감정과 관련된 상황을 한 번만 대답합니다(미션 1만 진행).

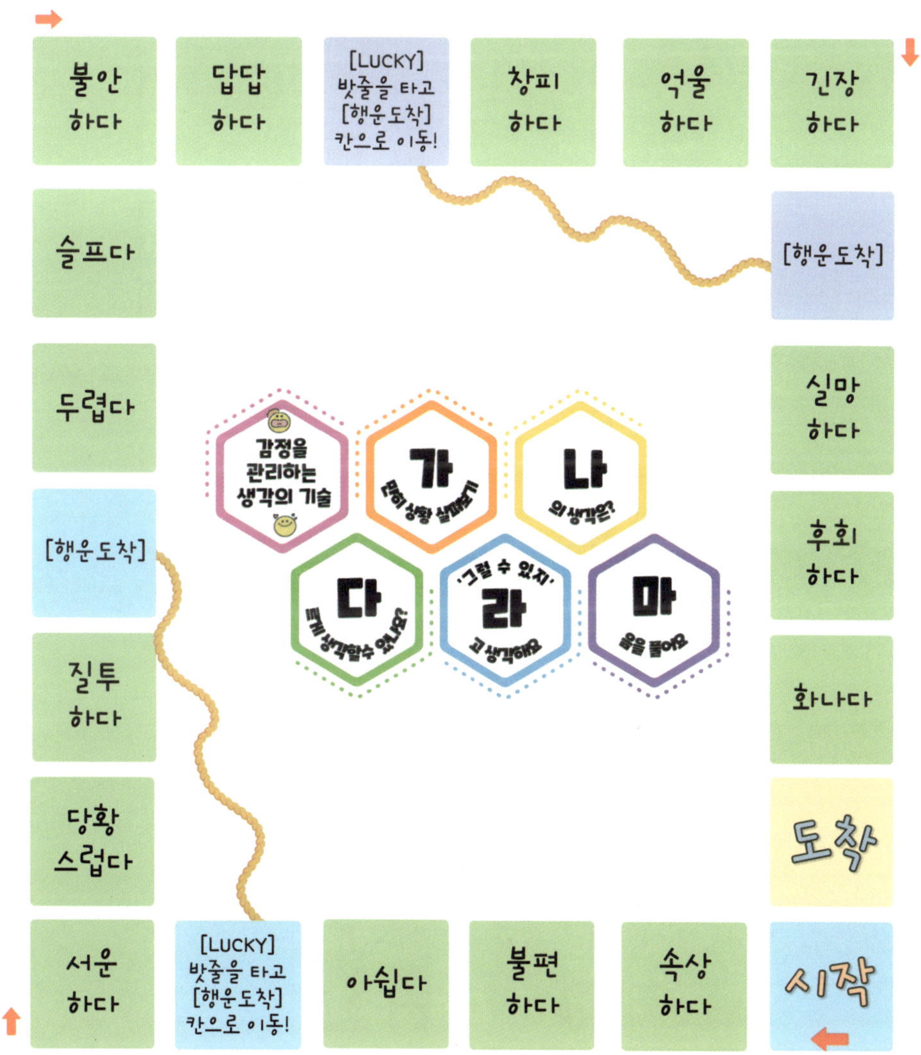

선생님 참고자료

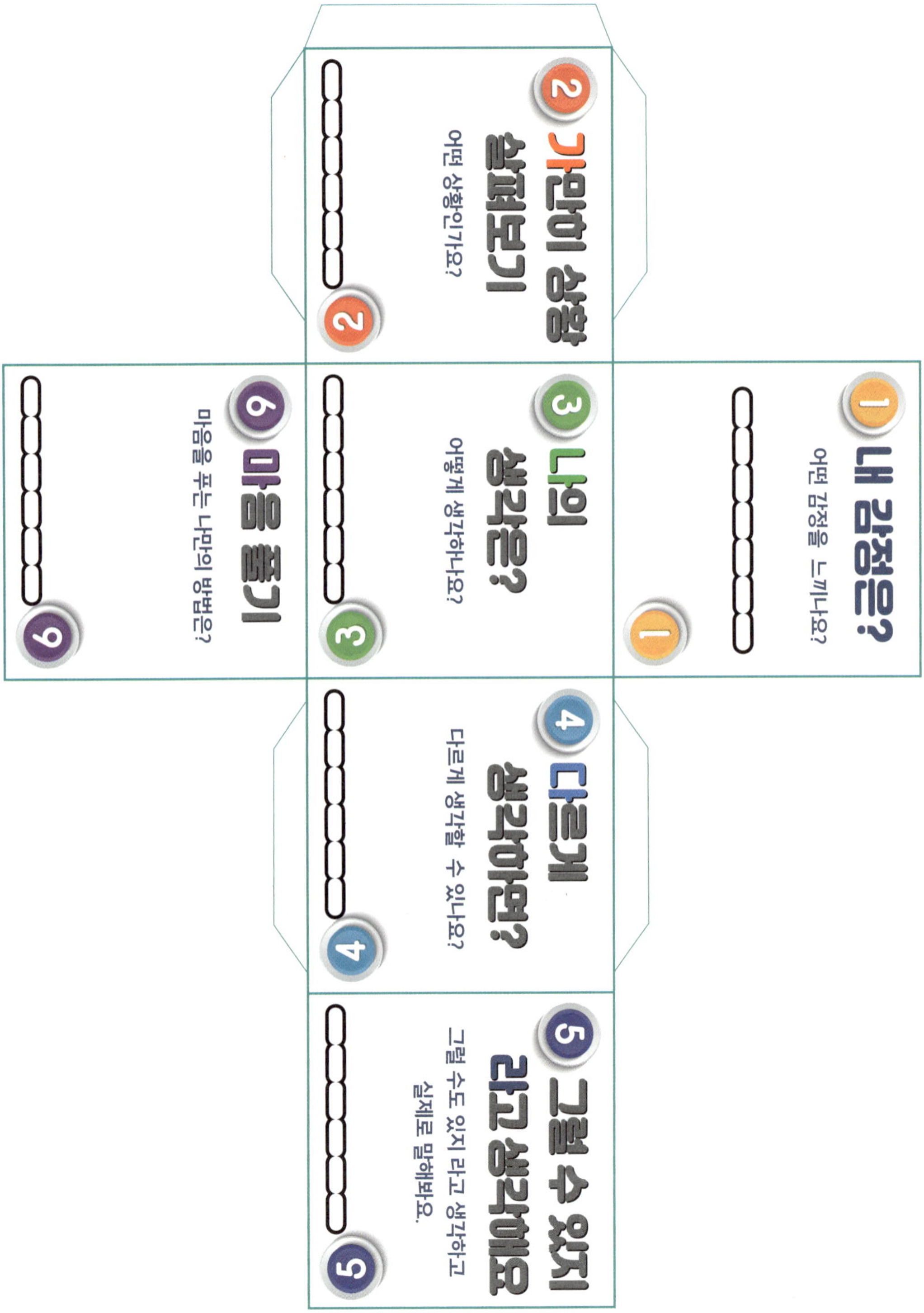
1 내 감정은?
어떤 감정을 느끼나요?
2 가만히 상황 살펴보기
어떤 상황인가요?
3 나의 생각은?
어떻게 생각하나요?
4 다르게 생각하면?
다르게 생각할 수 있나요?
5 그럴 수 있지 라고 생각해요
그럴 수도 있지 라고 생각하고 실제로 말해봐요.
6 마음 풀기
마음을 푸는 나만의 방법은?

2차시 호흡의 기술

자기인식	자기관리	관계인식	관계관리	공동체 가치 인식 및 관리	정신건강 인식 및 관리
○	○				○

학습 목표

- 호흡에도 올바른 호흡법과 올바르지 않은 호흡법이 있음을 알고, 올바른 호흡법을 실천할 수 있다.
- 신체의 긴장 상태와 이완 상태를 구분할 수 있고, 나만의 방법을 통해 긴장된 신체를 이완시킬 수 있다.

성취 기준 2022 개정 교육과정

[4체01-04] 건강을 위한 바른 생활 습관을 이해하고 생활 속에서 규칙적으로 실천한다.

[4미01-02] 주변 대상을 체험하며 떠오른 느낌과 생각을 다양한 방법으로 나타낼 수 있다.

[6미01-03] 자신이나 주변 환경에서 찾은 감각적 특징, 느낌, 생각 등을 관련지어 나타낼 수 있다.

수업의 흐름

도입 호흡과 신체 이완의 중요성 소개하기 ▶ **활동1** 올바른 호흡법 연습하기 ▶ **활동2** 나만의 이완 방법 계획하고 실천하기 ▶ **정리** 내용 정리 및 오늘의 문장 필사하기

평가 계획

상	올바른 호흡법을 실천할 수 있고, 몸의 신호를 통해 긴장 상태와 이완 상태를 구분할 수 있으며 본인만의 방법을 통해 긴장된 신체를 이완할 수 있다.
중	올바른 호흡법을 실천할 수 있고, 몸의 신호를 통해 긴장 상태와 이완 상태를 구분할 수 있으나 긴장된 신체를 스스로 이완하는 데에는 어려움을 경험한다.
하	올바른 호흡법을 실천하는 데 어려움을 경험하거나 몸의 신호를 통해 긴장 상태와 이완 상태를 구분하고 긴장된 신체를 스스로 이완하는 데 한계가 있다.

활동 순서와 방법

도입

호흡과 신체 이완의 중요성 소개하기

- 호흡과 신체 이완의 중요성을 소개하며 오늘의 수업을 안내합니다.

"오늘 수업에 들어가기에 앞서 ○/× 퀴즈를 진행해 보도록 해요.

Q. 호흡에도 좋은 호흡, 나쁜 호흡법이 있다?

정답은 ○예요. 호흡에도 좋은 호흡법과 나쁜 호흡법이 있어요. 우리 몸에는 마치 자동차의 가속 페달과 브레이크처럼 움직이게 하는 버튼과 쉬게 하는 버튼이 있어요.

얕고 빠른 호흡은 가속페달인 '교감신경'을 자극해요. 긴장하거나 위급할 때 우리 몸이 자동으로 반응하는 시스템이죠. 심장이 빨리 뛰고, 근육이 딱딱해지고, 몸이 점점 더 긴장해요. 이 상태가 오래가면 몸도 마음도 지치게 돼요. 그래서 오늘은 '호흡'이라는 브레이크 버튼을 함께 배워 볼 거예요. 바르게 숨 쉬는 법을 익히고, 긴장되거나 불안할 때 나를 다독이는 연습을 해 봐요."

활동1

올바른 호흡법 연습하기

1 올바른 호흡법 연습하기

- 호흡법이 중요한 이유를 안내합니다.

"일상에서 무심코 하는 호흡이지만 올바르게 호흡하면 몸과 마음이 편안해져요. 스트레스를 받으면 호흡이 짧고 빨라지는데, 그때 의도적으로 천천히 깊게 숨을 쉬면 마음이 차분해지고, 긴장이 풀리게 돼요."

- 얕은 호흡과 깊은 호흡을 비교합니다.

얕은 호흡

- 먼저, 얕은 호흡을 해 볼 거예요.
- 허리를 꼿꼿이 세우고, 한 손은 가슴에, 다른 손은 배 위에 올려 보세요.
- 이제 가슴으로만 숨을 쉬어 봅시다. 숨이 배까지 들어오지 않도록 코로 짧고 빠르게 숨을 들이마시고 내쉬세요.

깊은 호흡

- 이번에는 깊은 호흡을 해 볼 거예요.
- 똑같이 한 손은 가슴에, 한 손은 배 위에 둡니다.
- 이번에는 배까지 숨을 들이마셔 볼게요. 코로 천천히 숨을 들이마시면서 배가 풍선처럼 부풀어 오르도록 해요.
- 숨을 3초 정도 들이마신 후, 입으로 천천히 길게 내쉽니다.

- 얕은 호흡과 깊은 호흡을 했을 때 느껴지는 공통점과 차이점을 함께 이야기하도록 합니다.

Tip ✓ 얕은 호흡은 몸을 긴장하게 만들고, 깊은 호흡은 몸을 더 편안하게 만든다는 사실을 학생들이 알 수 있도록 질문해 주세요.

- 앞에서 배운 깊은 호흡을 바탕으로 올바른 호흡법을 함께 연습합니다.
  사각형 호흡법: 4초 들이마시고, 4초 멈추고, 4초 내쉬고, 4초 멈추기

2 나만의 호흡법 만들기

- 앞에서 배운 사각형 호흡법처럼 쉽게 기억하고 실천할 수 있는 나만의 호흡법 아이디어를 떠올려 활동지에 작성하도록 합니다.

Tip ✓ 어려워하는 학생들을 위해 다양한 예시를 제공합니다. 저학년 2단원 2차시에 소개된 호흡법을 함께 소개하여도 좋습니다.
예 거북이 호흡법, 풍선 호흡법 등

활동2 몸의 긴장 얼음 땡!

준비물 활동지 2-2

1 활동 소개하기

- 몸이 긴장했을 때와 이완했을 때의 경험을 이야기 나눕니다.
- 나를 불편하게 만드는 긴장되는 상황을 떠올려 보고 활동지에 작성합니다.

Tip ✓ 긴장되는 상황을 보다 구체적으로 작성할 수 있도록, 대상, 장소, 시간대, 감각 등으로 구체화하여 제시합니다.

• 앞으로 진행할 활동을 소개합니다.

"이번에는 내 몸이 긴장했을 때와 이완했을 때 각 신체 기관의 감각이 어떻게 느껴지는지 느껴 보도록 할 거예요."

Tip ✓ '긴장'과 '이완'의 용어가 낯선 학생들을 위해 도입에서 사용한 자동차 가속페달과 브레이크의 비유 혹은 얼음 땡에 비유하여 긴장은 얼음 상태, 이완은 땡 상태로 설명해 주세요.

2 활동 준비하기

• 학생들이 편안한 자세를 취할 수 있도록 합니다.
• 선생님은 제시된 '몸의 긴장 얼음 땡!' 스크립트를 학생들에게 읽어 줍니다.

몸의 긴장 얼음 땡!

Tip ✓ 선생님은 학생들이 쉽게 따라 할 수 있도록 함께 초를 세어 주세요.
배경 음악을 틀어 학생들의 이완을 도울 수도 있습니다.

• 먼저 세 번의 깊은 호흡을 할 거예요. 숨을 내쉬면서 몸의 긴장이 빠져나간다고 상상해 보세요.
• 주먹을 꽉 쥐어 봅니다. 7~10초간 주먹을 움켜쥐고, 15~20초간 힘을 빼 보세요.
• 눈을 꽉 감고 눈 주위 근육에 힘을 주어 봅니다. 7~10초간 힘을 주고, 15~20초간 힘을 빼 보세요. 힘을 빼면서 눈 주위로 깊은 편안함이 퍼진다고 상상해 보세요.
• 마치 머리를 등에 붙이는 것처럼 고개를 뒤로 당기고 유지하세요. 7~10초간 힘을 주고, 15~20초간 힘을 빼 보세요.
• 어깨를 힘껏 들어 올려서 귀까지 닿는다고 생각하면서 어깨에 힘을 주어 봅니다. 7~10초간 힘을 주고, 15~20초간 힘을 빼 보세요.
• 배를 안으로 집어넣으면서 배에 힘을 주어 봅니다. 7~10초간 힘을 주고, 15~20초간 힘을 빼 보세요.
• 발가락을 위로 들면서 종아리 근육에 힘을 줘어 보세요. 7~10초간 힘을 주고, 15~20초간 힘을 빼 보세요.
• 이제 마지막으로, 여러분의 몸 전체에 편안함의 파도가 머리부터 시작해서 모든 근육으로 퍼져 나가 발끝까지 지나간다고 상상해 봅니다.

3 활동 소감 나누기

• 이완된 상태의 신체와 긴장된 상태의 신체가 어떻게 다른지 소감을 함께 나눕니다.

4 나만의 신체 이완 방법 계획하기

- 스트레스 상황에서는 근육이 긴장되고 경직되고, 편안한 상황에서는 근육이 이완될 수 있음을 안내합니다.
- 신체 반응을 통해 스트레스 상황을 스스로 알아차리고 나만의 방법으로 신체를 이완할 수 있는 방법을 계획하도록 합니다.
- 주어진 활동지에 5가지 신체 감각(시각, 청각, 후각, 미각, 촉각)을 활용하여 신체를 이완할 수 있는 나만의 방법을 계획하도록 하고 활동지의 빈칸에 작성할 수 있도록 합니다.
- '쾌감'과 '이완'은 다른 것임을 안내합니다. 유튜브 릴스 보기, 마라탕 먹기 등 자극적인 활동은 일시적인 쾌감을 줄 수 있지만 장기적으로 보았을 때 내 몸을 편안하게 만드는 이완의 방법은 아니라는 것을 안내합니다.

Tip ✓ 학생들이 구체적으로 나만의 방법을 떠올릴 수 있도록 예시와 조건을 들어 설명합니다.

예 시각-은은한 조명 / 청각-클래식 음악, 좋아하는 아이돌 노래 / 후각-맛있는 음식 향기, 아로마 향기 / 촉각-포근한 러그 / 미각-따뜻한 차 등

조건 예 ① 쾌감과 이완을 구분할 것 ② 경제적 비용이 들지 않을 것 ③ 몸에 해롭지 않을 것

5 나만의 신체 이완 방법 공유하기

- 완성된 활동지 내용을 바탕으로 나만의 방법에 대해 이야기를 나누도록 합니다.

Tip 활동 시간 등을 고려하여 짝꿍과 이야기하도록 하거나 조별로 이야기 나누기, 혹은 발표하기 활동으로 진행할 수 있습니다.

정리

내용 정리 및 오늘의 문장 필사하기

1. 신체를 이완하여 마음을 편안하게 만드는 나만의 방법을 정리하고 소감을 나눕니다.
2. 활동한 내용을 기억하며 오늘의 문장을 필사합니다.
3. 신체를 이완하여 마음을 편안하게 만드는 연습을 일상에서 실천해 봅니다.

오늘의 문장 나는 깊게 호흡하며 몸과 마음을 편안하게 해요.

가정통신문 자료 다운로드

몸의 긴장 얼음 땡!

1. 목표

가족과 함께 점진적 근육 이완 활동을 통해 일상에서 근육을 이완하는 법을 익히고 긴장 상황에서 자연스럽게 실천할 수 있도록 돕습니다.

2. 활동 방법

1) 활동 준비하기

- 가족 구성원끼리 둘러앉아 술래 순서를 정합니다.

2) 술래가 특정 신체 부위를 외치기

- 술래가 특정 신체 부위(눈, 입가, 발, 손, 팔 등)를 외칩니다.
- 다른 가족 구성원들은 해당 신체 부위를 5초간 긴장(얼음) 상태로 만들고 5초간 이완(땡) 상태로 만듭니다.

3) 소감 나누기

- 신체 부위가 긴장 상태였을 때와 이완 상태였을 때 몸에 어떠한 차이가 있는지 공유합니다.

호흡의 기술

____학년 ____반 이름:__________

1. 다양한 비유를 활용해서 나만의 호흡법을 만들어 보세요.

- 나만의 호흡법 이름 ____________________

  예 사각링 호흡법

- 나만의 호흡 방법 ____________________

  예 4초 들이마시기, 4초 멈추기, 4초 내쉬기, 4초 멈추기

2. 긴장되는 상황(나를 불편하게 하는 상황)을 적어 보세요.

- 불편했던 순간(때) ____________________

  예 발표할 때, 친구가 나를 소외시킬 때……

- 불편함을 느낀 장소 ____________________

  예 소리가 큰 체육관, 낯선 사람이 많은 공간……

- 불편했던 말이나 행동 ____________________

  예 허락 없이 내 물건을 만지는 행동, "그것도 못 하냐!"

3. 각각의 신체 감각을 활용해서 내 몸을 편안하게 만들 수 있는 방법을 글 또는 그림으로 표현해 보세요. 일시적 쾌감과 이완을 구분하고 이완의 방법을 작성해 주세요.

시각

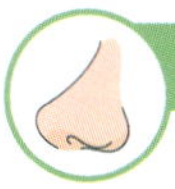
후각

청각

미각

촉각

3차시 두뇌의 세 가지 모드

자기인식	자기관리	관계인식	관계관리	공동체 가치 인식 및 관리	정신건강 인식 및 관리
○	○				○

학습 목표

- 두뇌의 세 가지 작동 모드를 이해하고, 현재 나의 모드를 탐색할 수 있다.
- 두뇌의 세 가지 작동 모드의 균형을 위해 진정 모드를 활성화할 수 있는 나만의 방법을 계획할 수 있다.

성취 기준 2022 개정 교육과정

[6도01-02] 생활 습관에 대한 성찰을 통해 자기 생활을 점검하고 올바른 계획을 세워 이를 실천한다.

[6실01-02] 건강한 발달을 위한 자기관리 방법을 탐색하고, 일상생활 속에서 올바른 생활 습관과 태도를 갖도록 계획하여 실천한다.

수업의 흐름

도입 두뇌가 우리의 감정에 미치는 영향 ▶ **활동1** 두뇌의 세 가지 모드 ▶ **활동2** 두뇌의 모드를 활성화시킬 수 있는 나만의 방법 ▶ **정리** 내용 정리 및 오늘의 문장 필사하기

평가 계획

상	두뇌의 세 가지 작동 모드를 이해하고 있으며 현재 나의 두뇌의 모드를 탐색할 수 있다. 나만의 방법을 통해 세 가지 작동 모드의 균형을 유지할 수 있다.
중	두뇌의 세 가지 작동 모드를 이해하고 있으며 현재 나의 두뇌의 모드를 탐색할 수 있으나, 스스로 작동 모드의 균형을 유지하는 데 어려움을 경험한다.
하	두뇌의 세 가지 작동 모드를 이해하고 있으나 현재 나의 두뇌의 모드를 탐색하는 데 도움이 필요하며, 작동 모드의 균형을 유지하는 나만의 방법을 떠올리는 데 어려움을 경험한다.

활동 순서와 방법

도입

두뇌가 우리의 감정에 미치는 영향 알아보기

- 두뇌가 우리의 감정에 미치는 영향을 설명하고, 오늘의 수업을 안내합니다.

"오늘 수업에 본격적으로 들어가기 이전에 ○/× 퀴즈를 해 보기로 해요.

Q. 웃으면 기분이 좋아진다?

정답은 ○예요. 우리 다 같이 한번 웃어 볼까요? 어색하지만 웃는 순간 우리 뇌에선 좋은 호르몬이 나온다는 사실 알고 있나요?

웃음은 기분만 좋게 만드는 게 아니라, 뇌에도 아주 좋은 영향을 준답니다. 우리가 웃을 때, 뇌에서는 '행복 호르몬'이라고 불리는 엔도르핀이 나오게 돼요. 엔도르핀은 우리가 기분 좋을 때 나오는 화학물질인데, 이게 바로 행복한 기분을 만들어 줘요. 그래서 웃으면 기분이 좋아지고 스트레스가 줄어들어요.

이렇듯 우리의 두뇌는 나의 행동에 따라 호르몬을 보내고, 그 호르몬은 나의 감정을 만들어요. '웃으면 복이 와요.'라는 말도 거기서 왔답니다."

활동1

두뇌의 '세 가지 모드'

준비물 활동지 2-3

1 우리 두뇌의 세 가지 모드에 대해 교육하기

- 두뇌에는 세 가지 모드(위험 모드, 성취 모드, 진정 모드)가 있음을 교육합니다.

"우리의 두뇌는 빨간색, 파란색, 초록색 세 가지 버튼이 있어요.

빨간색 버튼은 위협 모드예요. 위험을 감지하고, 경고하며, 무언가 잘못되었을 때 우리를 보호하는 역할을 해요. 빨간색 버튼이 다른 버튼보다 커지면 경계심이 높아지고, 우리 마음은 균형이 깨진 상태가 돼서 분노, 불안, 두려움, 혐오감, 수치심 같은 위협적인 감정을 느끼게 돼요.

파란색 버튼은 성취 모드예요. 원하는 것을 추구하고 뭔가 이루고 싶을 때 활성화되는 모드예요. 우리가 반 대항전으로 축구 경기를 할 때 이기고 싶은 마음이 들면 파란색 버튼이 커지게 되어요. 파란색 모드가 활성화되면 우리는 흥분하기도 하고, 흥미를 느끼고 동기부여가 돼요. 하지만 파란색 버튼이 너무 커지면 지치고 피곤함을 느낄 수도 있어요.

초록색 버튼은 진정 모드예요. 두뇌와 신체가 편안함을 느끼고 움직임의 속도도 느려져요. 마음이 진정되고, 평온함, 만족감, 안전감, 연결감을 느끼게 되어요. 초록색 모드가 활성화되면 스트레스에서 벗어나는 데 도움이 되어요."

- 학생들이 교육 내용을 잘 이해했는지 각각의 상황에 적절한 두뇌의 모드를 맞히는 퀴즈를 제공합니다.

예 - 위험 모드: 으스스한 골목, 밤길에 누군가가 나를 따라오는 것 같다.
- 성취 모드: 단어시험에서 백점을 맞기 위해 열심히 공부한다.
- 진정 모드: 좋아하는 아이돌 노래를 들으며 잠자리에 든다.

- 두뇌 모드 각각의 장점을 안내하며, 각 모드의 균형이 깨지고 하나의 모드만이 활성화되었을 때 생길 수 있는 문제점을 함께 다룹니다.

예

	장점	문제점
위험 모드	위험한 상황에서 나를 보호할 수 있다.	극도의 불안함과 걱정을 느끼고 일상생활이 어려울 수 있다.
성취 모드	집중력과 도전 정신을 발휘할 수 있다.	경쟁에 예민해지고, 지칠 수 있다.
진정 모드	스트레스를 해소하고, 감정을 올바르게 조절할 수 있다.	지나치면 게을러 보일 수 있다.

2 나의 두뇌 모드 탐색하기

- 제시된 체크리스트를 작성하면서 현재 활성화된 나의 두뇌 모드를 확인해 보도록 합니다.
- 가장 활성화된 두뇌 모드와 가장 덜 활성화된 두뇌 모드를 확인하도록 합니다.

3 나의 두뇌 모드에 대해 함께 이야기 나누기

- 짝/조별로 함께 나의 두뇌 모드에 대해 이야기를 나누도록 합니다.

활동2

두뇌 모드 활성화하기

준비물 활동지 2-3

1 이상적인 두뇌의 상태에 대해 교육하기

- 세 가지 버튼이 균형 있게 자리 잡았을 때가 가장 이상적인 두뇌의 상태임을 안내합니다.

"그렇다면 어느 두뇌가 어떤 모드인 게 우리에게 도움이 될까요? 항상 빨간색 모드면 어떨까요? 항상 파란색 모드면 어떨까요? 항상 초록색 모드면 어떨까요? 중요한 건 이 세 가지 모드의 균형이에요. 하나의 모드가 너무 커지거나 너무 작아지지 않고 조화를 이룰 때 가장 이상적이라고 해요. 빨간색 원이나 파란색 원이 지나치게 커졌을 때 우리는 이걸 알아차리고 초록색 모드를 활성화시킬 수 있는 방법을 떠올릴 수 있어야 해요."

2 두뇌 모드를 활성화하는 방법 탐색하기

- 현재 나의 두뇌 모드에서 활성화해야 하는 모드는 무엇인지 생각해 보도록 합니다.
- 해당 모드를 활성화할 수 있는 본인만의 방법을 생각해 볼 수 있도록 합니다.

3 두뇌 모드를 활성화할 수 있는 나만의 방법을 구체화하기

- 각각의 모드를 활성화할 수 있는 나만의 방법을 활동지에 작성하도록 합니다.

Tip ✓ 구체적으로 생각하기 어려워하는 학생들을 위해 예시를 제공합니다.

예

	활성화하는 방법
위험 모드	• "지금 진짜 중요한 순간이야! 집중하자."라고 스스로에게 이야기하기 • 예상되는 어려움을 떠올리고 해결방안 생각해 보기
성취 모드	• 목표를 정하고 할 수 있어! 라고 스스로에게 이야기해 주기 • 좋아하는 게임, 스포츠에 도전하기 • 경쾌한 음악을 듣거나 박수를 치며 신체 에너지를 끌어올리기
진정 모드	• 깊게 숨을 들이마시고 천천히 내쉬기 • "괜찮아, 잘하고 있어." 스스로에게 다정히 이야기하기 • 좋아하는 그림을 그리거나 산책하기

4 이야기 나누기

- 나만의 두뇌 모드를 활성화하는 방법을 함께 이야기 합니다.

정리 내용 정리 및 오늘의 문장 필사하기

1. 이상적인 두뇌 모드와 이상적인 두뇌 모드를 활성화하기 위한 나만의 방법을 정리하고 소감을 나눕니다.
2. 활동한 내용을 기억하며 오늘의 문장을 필사합니다.
3. 이상적인 두뇌 모드를 활성화하기 위한 연습을 일상에서 실천해 봅니다.

오늘의 문장 **나는 나만의 방법으로 마음을 차분하게 해요.**

가정연계활동

가정통신문 자료 다운로드

우리 가족 초록색 버튼 만들기

1. 목표

가정 내에서의 스트레스 상황을 탐색하고, 가정 내 갈등 상황이 생겼을 때 우리 가족만의 초록색 버튼은 무엇이 있을지 함께 논의하여 가정 내 갈등을 현명하게 처리할 수 있는 방법을 모색할 수 있도록 합니다.

2. 활동 방법

1) 우리 가족의 빨간색 버튼과 초록색 버튼에 대해 이야기 나누기

"우리 두뇌에서 빨간색 버튼은 위험 시스템인데 우리 집 내에서의 갈등 상황이라고 볼 수 있지, 우리 집에서 빨간색 버튼이 활성화되는 때는 언제일까? 그때 초록색 버튼을 활성화하는 방법은 무엇이 있을까?"

함께 대화하며 가족 내 갈등 상황을 공유하고, 그때 가족이 함께 할 수 있는 일인 초록색 버튼을 탐색하도록 합니다.

2) 초록색 버튼 만들기

가족구성원 각자가 가정 내의 평화 유지를 위해 기여할 수 있는 일을 적어 둔 초록색 버튼 활동지를 만들어 가정 내 잘 보이는 곳에 걸어 둘 수 있도록 합니다. 예를 들어, 아빠는 가족들이 좋아하는 아이스크림 사 오기, 엄마는 좋아하는 반찬 해 두기, 자녀는 신발장 정리하기 등 구체적으로 가정 내에 기여할 수 있는 행동을 적을수록 좋습니다.

활동지 2-3 고

두뇌의 세 가지 모드

____학년 ____반 이름:__________

1. 나의 두뇌는 지금 어떤 모드인가요? 체크리스트를 통해 현재 나의 두뇌는 어떤 모드인지 확인해 보세요. 각 문항의 점수를 합산하여 어느 모드가 활성화되어 있는지 확인해 보세요.

번호	문항	체크
1	나는 누가 나를 싫어할까 봐 걱정된다.	☐
2	나는 무언가 빨리 끝내야 할 것 같아서 마음이 바쁘다.	☐
3	나는 몸이 긴장되고, 숨쉬기 힘들게 느껴질 때가 있다.	☐
4	나는 뭔가를 꼭 이기고 싶거나 잘하고 싶다.	☐
5	나는 실수할까 봐 마음이 불편하다.	☐
6	나는 꼭 해내고 싶은 목표가 있다.	☐
7	나는 아무것도 하지 않고 조용히 있고 싶다.	☐
8	나는 편안하고 따뜻한 느낌이 든다.	☐
9	나는 누군가와 함께 있으면 기분이 좋아진다.	☐
10	나는 온몸에 힘이 넘치고 뭔가 하고 싶은 마음이 든다.	☐
11	나는 작은 일에도 짜증이 나거나 화가 난다.	☐
12	나는 "괜찮아, 천천히 해도 돼."라고 스스로에게 말해 주고 싶다.	☐
13	나는 지금 흥미롭거나 재미있는 걸 찾고 싶다.	☐
14	나는 나를 안전하게 지켜야 할 것 같은 기분이 든다.	☐
15	나는 느긋하게 쉬고 싶다.	☐

위험 모드 점수: ( )

성취 모드 점수: ( )

진정 모드 점수: ( )

가장 활성화된 나의 두뇌 모드:
( )

가장 덜 활성화된 나의 두뇌 모드:
( )

2. 활성화시키고 싶은 두뇌 모드가 있나요?
각각의 두뇌 모드를 활성화시킬 수 있는 나만의 방법을 생각해 보고 적어 보세요.

	나만의 활성화 방법
위험 모드	
성취 모드	
진정 모드	

3

더 나은 나로 성장해요

Tip. 이 단원의 1차시와 2차시는 연계된 내용으로, 학급 상황에 따라 통합 수업으로 운영할 수 있습니다.

차시	제목	내용
1차시	나만의 특별한 강점 찾기	✰ 나를 좀 더 제대로 알고 싶은 아이들에게 추천하는 수업 ✰ 서로의 강점을 발견하며 응원하는 교실을 만들어요!
2차시	나의 성격 강점에 물 주기	✰ 나를 더 멋지게 키워 볼까? 어떻게? ✰ 강점을 키우며 나를 믿는 힘을 키워요!
3차시	결국 성공하는 나	✰ "어차피 안 돼요."라며 쉽게 포기하는 아이들에게 꼭 필요한 수업 ✰ 성장 마인드셋을 배우며 나의 가능성을 펼쳐요.

1차시 나만의 특별한 강점 찾기

자기인식	자기관리	관계인식	관계관리	공동체 가치 인식 및 관리	정신건강 인식 및 관리
○		○			

학습 목표

- 성격 강점의 개념과 종류를 이해하고 말할 수 있다.
- 자신의 경험과 친구의 피드백을 바탕으로 나의 성격 강점을 인식하고 설명할 수 있다.

성취 기준 2022 개정 교육과정

[4도01-01] 자신의 감정을 소중히 여기며 존중하는 태도를 바탕으로 내가 누구인가를 탐구한다.

[6도01-01] 자주적인 삶에 대한 이해를 바탕으로 자신의 생활에 반영하여 실천하고 주체적인 삶의 태도를 기른다.

수업의 흐름

도입: 이럴 땐 무슨 성격? ▶ 활동1: 유명인 강점 퀴즈 ▶ 활동2: 나의 성격 강점 찾기 ▶ 정리: 내용 정리 및 오늘의 문장 필사하기

평가 계획

상	유명인 사례를 통해 성격 강점의 개념과 종류를 정확히 설명하고, 자신의 경험과 친구 피드백을 통해 자신의 성격 강점을 인식하고 구체적으로 설명할 수 있다.
중	성격 강점의 개념과 종류를 이해하고, 자신의 성격 강점을 인식하지만 이를 구체적으로 설명하는 데 어려움이 있다.
하	성격 강점의 개념을 충분히 이해하지 못하거나 자신의 성격 강점을 인식하고 설명하는 데 어려움을 보이며 교사의 도움이 필요하다.

활동 순서와 방법

도입

이럴 땐 무슨 성격?

- 다양한 상황 속 행동을 보고, 그 사람이 어떤 성격을 가진 사람일지 함께 이야기해 보며, 오늘의 수업을 소개합니다.

"여러분, 화면에 나와 있는 상황을 한번 볼까요?
친구가 다쳤을 때 조용히 가방을 들어 준 친구, 발표가 무섭지만 손을 든 친구,
새로운 만들기 아이디어가 떠오른 친구, 우울해 보이는 친구를 웃게 해 준 친구도 있어요.
이런 행동을 보면 우리는 자연스럽게 "이 친구는 친절하네." "용기 있어." "창의적이야." "유쾌하네!"
하고 좋은 점을 떠올리게 되죠!

이렇게 사람을 빛나게 해 주는 성격들을 우리는 '성격 강점'이라고 불러요.
성격 강점은 누구에게나 있고, 경험과 연습을 통해 더 키워갈 수 있어요.
오늘은 성격 강점에는 어떤 것들이 있는지 알아보고, 여러분 안에는 어떤 성격 강점이 숨어 있는지도
함께 찾아보는 시간을 가질 거예요!"

활동1

유명인 성격 강점 퀴즈

1 성격 강점 복습 및 활동 안내

- 성격 강점을 다시 떠올리며, 유명인 퀴즈 활동으로 자연스럽게 연결합니다.

"성격 강점은 긍정심리학이라는 학문에서 연구된 개념으로, 사람들이 더 행복하고 건강하게 살아가기
위해 꼭 필요한 성격의 힘이에요.
누구나 자신만의 성격 강점을 가지고 있고, 연습을 통해 더 자라날 수 있어요.
이번에는 유명한 사람들의 이야기를 통해 성격 강점에 대해 더 알아봅시다."

성격 강점 목록(참고 자료)

창의성	호기심	개방성	학구열	통찰력	용기
인내(끈기)	열정(활기)	진실성	사랑	친절	사회성
공평함	리더십	협동(시민의식)	관대함	겸손	자기조절(자제력)
신중함	감사	낙관성	심미안	영성	유머

1) **창의성**: 새로운 생각을 하고 재미있는 것을 만들어요.
2) **호기심**: 모르는 것을 꼭 알고 싶어 해요.
3) **개방성**: 새로운 생각이나 나와 다른 의견을 받아들여요.
4) **학구열**: 새로운 것을 배우는 게 재미있어요.
5) **통찰력**: 숨은 의미를 잘 알아채고 깊이 생각해요.
6) **용기**: 무섭거나 걱정돼도 포기하지 않고 도전해요.
7) **인내(끈기)**: 포기하지 않고 끝까지 해내요.
8) **열정(활기)**: 좋아하는 일을 힘차고 신나게 해요.
9) **진실성**: 거짓말하지 않고 솔직하게 말해요.
10) **사랑**: 가족과 친구를 소중히 여겨요.
11) **친절**: 다른 사람을 배려하고 도와요.
12) **사회성**: 친구들과 잘 어울리고 사이좋게 지내요.
13) **공평함**: 차별하지 않고 누구나 똑같이 대해요.
14) **리더십**: 친구들이 잘 지낼 수 있도록 도와요.
15) **협동(시민의식)**: 함께 힘을 합쳐 더 좋은 결과를 만들어요.
16) **관대함**: 친구가 실수해도 너그럽게 이해해요.
17) **겸손**: 잘난 척하지 않고 차분하게 행동해요.
18) **자기조절(자제력)**: 화가 나거나 하고 싶은 걸 참을 수 있어요.
19) **신중함**: 급하게 행동하지 않고 먼저 생각해요.
20) **감사**: 작은 일에도 '고마워.'라고 말해요.
21) **낙관성**: 힘든 일이 있어도 '괜찮아, 잘될 거야!'라고 생각해요.
22) **심미안**: 그림, 음악, 자연 같은 아름다움을 즐겨요.
23) **영성**: 눈에 보이지 않아도 믿을 수 있는 것을 소중히 여겨요.
24) **유머**: 재미있는 말과 행동으로 사람들을 웃게 해요.

2 유명인의 성격 강점 퀴즈

- PPT로 유명인과 설명을 보여 주고, 3지선다 퀴즈로 성격 강점을 맞혀 봅니다.
- 정답 공개 후 성격 강점의 의미를 간단히 설명해 줍니다.

	인물	설명	보기	정답
1	손흥민	매 경기에서 지치지 않고 끝까지 최선을 다하며, 꾸준한 노력으로 세계적인 실력을 쌓았어요.	① 유머 ② 인내 ③ 감사	② 인내
2	RM(BTS)	팀의 중심에서 책임감을 갖고 리더 역할을 훌륭하게 해내고 있어요.	① 리더십 ② 사회성 ③ 자기조절	① 리더십
3	김연경	큰 경기에서도 두려워하지 않고 자신 있게 플레이해요.	① 창의성 ② 신중함 ③ 용기	③ 용기
4	아이유	따뜻한 마음으로 주변을 도우며, 다른 사람을 배려하는 행동을 많이 해요.	① 관대성 ② 친절 ③ 자기조절	② 친절
5	일론 머스크	보이지 않는 미래를 향해 도전하고, 인류의 가능성을 믿으며 큰 꿈을 꾸어요.	① 리더십 ② 열정 ③ 영성	③ 영성
6	유재석	늘 사람들을 웃게 해 주고, 긍정적인 에너지로 분위기를 밝게 만들어요.	① 유머 ② 리더십 ③ 협동	① 유머
7	장원영	많은 관심 속에서도 밝고 예의 바르게 행동해요.	① 낙관성 ② 겸손 ③ 유머	② 겸손
8	차은우	바쁜 일정 속에서도 스스로를 잘 관리하며 차분하고 예의 바르게 행동해요.	① 자기조절 ② 진실성 ③ 창의성	① 자기조절
9	기안84	독특한 시선과 상상력으로 남들과 다른 생각을 그림과 이야기로 표현해요.	① 신중함 ② 창의성 ③ 심미안	② 창의성
10	승관(세븐틴)	힘든 상황에서도 분위기를 살리려고 노력하고, 항상 "괜찮아~ 잘될 거야!"라고 웃으며 넘겨요.	① 사회성 ② 유머 ③ 낙관성	③ 낙관성

활동2

나의 성격 강점 찾기

준비물 활동지 3-1

1 체크리스트로 나의 성격 강점 알아보기

- 학생들은 문항을 읽고, 자신에게 해당하는 성격 강점에 체크한 뒤, 나를 가장 잘 나타내는 2가지를 고릅니다.
- 문장 옆에 적힌 성격 강점 이름을 확인하여 나의 성격 강점을 알아봅니다.

2 친구가 말해 주는 나의 강점 듣기

- 친구 3~6명에게 자신에게 어울리는 성격 강점을 하나씩 적어 달라고 요청합니다.
- 가능하면 그 이유도 함께 말해 주도록 합니다.

Tip
✓ 성격 강점을 적어 주기 어려워하는 학생에게는 선생님이 힌트를 줍니다.
✓ 친구의 성격 강점을 말해 줄 때는 부정적인 표현을 사용하지 않도록 주의합니다.

3 나의 대표 강점 정리하기

- 학생들은 앞의 활동을 바탕으로, 나의 대표 성격 강점을 정리합니다.

정리

내용 정리 및 오늘의 문장 필사하기

1. 성격 강점의 의미와 중요성을 정리하고 소감을 나눕니다.
2. 활동한 내용을 기억하며 오늘의 문장을 필사합니다.
3. 학생들은 성격 강점을 발견하고, 이를 일상에서 실천해 봅니다.

오늘의 문장 **나의 강점을 찾아 나를 더 알아가요.**

가정연계활동

가정통신문 자료
다운로드

성격 강점 칭찬 릴레이

1. 목표

가족끼리 서로의 성격 강점을 찾아보고 칭찬하며, 긍정적인 분위기를 조성하고 가족 간의 유대감을 강화합니다.

2. 활동 방법

1) 가족이 모인 자리에서 성격 강점 찾기

- 활동을 시작하기 전에 가족들이 모두 모여 서로의 성격 강점을 찾아보는 시간을 갖습니다.
- 각자 자신이나 다른 가족구성원의 성격 강점을 생각해 봅니다.

2) 성격 강점 칭찬 릴레이 시작하기

- 한 명씩 돌아가며 다른 가족구성원의 성격 강점을 말합니다.

  예 "엄마는 언제나 다정하게 대해 주셔서 친절이라는 힘이 있어요!"
  "동생은 2단 줄넘기를 성공할 때까지 끈기 있게 연습했어요!"

3) 성격 강점 칭찬 후 느낀 점 공유하기

- 칭찬을 마친 후, 각자 느낀 점을 서로 나누며 감정을 공유합니다.

  예 "가족의 성격 강점을 알게 되니 기분이 어땠나요?"
  "내 성격 강점을 듣고 어떤 기분이 들었나요?"

- 부모님은 자녀에게 성격 강점을 칭찬하여 자존감을 높일 수 있도록 돕습니다.

나의 성격 강점 찾기

___학년 ___반 이름:__________

1. 다음 문항을 읽고, 나에게 해당된다고 생각하는 문항에 체크해 주세요.

성격 강점	문항	점수
창의성	다른 사람이 생각하지 못할 아이디어를 떠올린다.	☐
호기심	모르는 게 있으면 질문하고, '왜' '어떻게?'라는 질문을 자주 한다.	☐
개방성	다양한 생각을 존중하고, 새로운 음식이나 문화를 경험하는 게 재밌다.	☐
학구열	배우는 걸 좋아하고, 학교에서 배운 내용을 스스로 더 찾아본다.	☐
통찰력	겉으로 티 안나도 친구 기분을 잘 눈치챈다.	☐
용기	무섭거나 떨려도 발표나 새로운 도전을 한다.	☐
인내(끈기)	어렵고 하기 싫은 일도 끝까지 해낸다.	☐
열정(활기)	무언가에 몰두하면 시간 가는 줄 모르고 에너지가 넘치고 활동적인 편이다.	☐
진실성	잘못했을 때 솔직하게 말하며, 나의 말과 행동에 책임진다.	☐
사랑	가족과 친구를 소중하게 생각하고, 좋아하는 사람들에게 관심을 가진다.	☐
친절	힘든 친구를 도와주고 다른 사람을 배려한다.	☐
사회성	처음 보는 친구와도 금방 친해지고 친구들과 잘 어울리는 편이다.	☐
공평함	친구를 차별하지 않고 공평하게 대하려고 하며, 차례를 잘 지킨다.	☐
리더십	친구들이 나를 믿고 따라올 때가 많으며, 친구들과 함께할 때 중심이 된다.	☐
협동	친구들과 함께하는 일을 좋아하고, 모둠 활동에 잘 참여한다.	☐
관대성	친구가 실수해도 화내지 않고 이해한다.	☐
자기조절	화가 나도 참으려 노력하고 하고 싶은 일이 있어도 참을 때가 있음을 안다.	☐
겸손	칭찬받아도 자랑하지 않고 차분하게 행동한다.	☐
감사	고마운 일이 있으면 "고마워."라고 꼭 말하며, 작은 일에도 감사함을 느낀다.	☐
신중함	행동하기 전에 먼저 생각하며, 실수를 줄이기 위해 조심스럽게 행동한다.	☐
낙관성	힘들어도 '괜찮아질 거야.'라고 생각하며, 미래를 긍정적으로 생각한다.	☐
심미안	예쁜 그림, 노래, 자연을 보는 걸 좋아하고 보고 감탄한 적이 있다.	☐
영성	눈에 보이지 않는 신비로운 힘을 믿으며, 명상하거나 기도하는 걸 좋아한다.	☐
유머	친구들을 웃게 하는 걸 좋아하며, 재미있는 이야기를 잘 한다.	☐

나의 성격 강점 찾기

____학년 ____반 이름:__________

2. 1번에서 나를 잘 나타낸다고 생각되는 성격 강점 두 가지를 적어 주세요.

3. 친구가 말해 주는 나의 성격 강점

친구 이름	친구가 말해 준 나의 성격 강점

4. 오늘 발견한 나의 대표 성격 강점은 무엇인가요?

2차시 나의 성격 강점에 물 주기

자기인식	자기관리	관계인식	관계관리	공동체 가치 인식 및 관리	정신건강 인식 및 관리
○	○				○

학습 목표

- 성격 강점이 필요한 상황을 떠올려 실천 계획을 세울 수 있다.
- 성격 강점의 지속적인 실천을 위해 나와 친구에게 응원 메시지를 작성할 수 있다.

성취 기준 2022 개정 교육과정

[4도01-03] 성실한 생활의 모범 사례를 탐색하고 시간 관리를 위한 생활을 계획하여 지속적인 자기 성장을 모색한다.

[6도01-02] 생활 습관에 대한 성찰을 통해 자기 생활을 점검하고 올바른 계획을 세워 이를 실천한다.

수업의 흐름

- **도입**: 강점도 자란다!
- **활동1**: 나의 성격 강점 화분 만들기
- **활동2**: 응원의 물줄기
- **정리**: 내용 정리 및 오늘의 문장 필사하기

평가 계획

상	자신의 성격 강점을 명확히 인식하고, 이를 발전시키기 위한 구체적이고 실천 가능한 계획을 세울 수 있다. 또한 성격 강점이 자란 모습을 창의적으로 표현하고, 나와 친구에게 의미 있는 응원 메시지를 작성할 수 있다.
중	성격 강점을 인식하고 실천 계획을 세울 수 있으나, 성격 강점이 자란 모습을 그림으로 표현하거나 응원 메시지를 작성하는 데 일부 어려움이 있다.
하	성격 강점에 대한 이해가 부족하거나, 실천 계획 수립 및 자란 모습 표현, 응원 메시지 작성에 전반적인 어려움을 보인다.

활동 순서와 방법

도입

강점도 자란다!

준비물 박지성 선수 영상(https://youtu.be/MWX_UG3z7wA?si=uRM-lNeFhQKZrS7H)

1 박지성 선수 영상 시청

- 박지성 선수의 영상을 함께 시청하고, 선생님은 강점 발전의 중요성을 이야기합니다.

"영상에서 봤듯이 박지성 선수는 자신만의 강점을 끊임없이 키워 내서, 평발이라는 약점을 이겨 내고 꿈을 이뤄 세계적인 축구선수로 활동했어요. 영상 마지막에서 이야기한 것처럼 자신의 강점을 계속 발전시키는 것은 정말 중요한 일이에요. 왜 그럴까요? 강점을 발전시켜야 내가 나를 더 잘 이해할 수 있게 되고, 자존감도 높아지고, 어려운 상황에서도 포기하지 않게 되며, 더 나아가 친구와의 관계도 더 좋아질 수 있기 때문이에요."

2 오늘의 수업 안내하기

"우리의 성격 강점은 연습, 실천 그리고 격려를 통해 자라날 수 있어요.
오늘은 여러분이 키우고 싶은 성격 강점을 화분에 심고, 미래의 나에게 햇살을 보내며, 친구들과 따뜻한 물줄기를 나눠 볼 거예요!"

활동1

나의 성격 강점 화분 만들기

준비물 활동지 3-2

1 나의 성격 강점 씨앗 심기

- 학생들은 발전시키고 싶은 성격 강점을 하나 선택하고, 이 강점을 키우고 싶은 이유를 간단히 적습니다.

  예 자기조절 - 화가 나면 바로 욕해서 후회하는 일이 많았기에

2 성격 강점 화분 3요소 작성하기

- 선생님은 성격 강점을 키우는 세 가지 요소를 화분에 비유해 설명합니다.

"성격 강점도 화분처럼 잘 자라려면, 흙, 햇살, 물이 모두 필요해요. 흙은 씨앗이 뿌리내리는 토대예요. 이처럼 성격 강점도 언제 필요한지를 알아야 잘 자랄 수 있어요. 물은 매일 주는 정성처럼 오늘부터 할 수 있는 작고 구체적인 실천 행동이에요. 햇살은 따뜻한 에너지를 주는 빛처럼 성장한 미래의 나에게 주는 응원 한마디예요. "

강점 화분 3요소

요소	의미	관련 질문	예시(자기조절)
흙	성격 강점이 필요한 나의 상황	"이 성격 강점이 필요한 순간은 언제인가요?"	친구가 놀릴 때
물	오늘부터 할 수 있는 실천 행동	"내가 할 수 있는 일은 무엇인가요?"	화날 때 3초 세고 말하기
햇살	미래의 나에게 보내는 응원의 말	"성격 강점이 자란 미래의 나에게 어떤 말을 해 주고 싶나요?"	화가 나도 욕하지 않고 참은 내가 대견해!

3 나의 성장한 화분 그리기

- 학생들은 성격 강점을 실천한 나의 모습 혹은 성격 강점이 자라 꽃을 피운 화분을 자유롭게 그림으로 표현합니다.

활동2 응원의 물줄기

준비물 활동지 3-2

1 '응원의 힘' 이야기 나누기

- 선생님은 응원이 주는 긍정적인 힘에 대해 짧게 이야기합니다.

"화분이 잘 자라려면 물도 필요하지만, 따뜻한 응원 한마디도 큰 힘이 돼요.
우리가 성격 강점을 실천할 때도, 친구의 말 한마디가 큰 용기를 줄 수 있어요. 지금부터 친구의 화분에 응원의 물줄기를 나눠 볼 거예요!"

2 친구가 보내는 응원의 물줄기

- 학생들은 3~5명의 친구와 서로의 화분을 살펴보고, 각자의 활동지에 따뜻한 응원 메시지를 적어 줍니다.

  예 "너의 성격 강점이 잘 자라나길 바라, 응원해!"
  "정말 멋지다! 할 수 있어!"

Tip ✓ 활동 전, 부정적인 말이나 장난은 삼가야 함을 충분히 안내합니다.

정리

내용 정리 및 오늘의 문장 필사하기

1. 성격 강점 발전의 중요성을 다시 한번 정리하고 소감을 나눕니다.
2. 활동한 내용을 기억하며 오늘의 문장을 필사합니다.
3. 학생들은 자신의 실천 계획을 일상에서 실천해 봅니다.

오늘의 문장 **내 강점을 키워 멋지게 성장할 거예요.**

가정통신문 자료 다운로드

가족 강점 인터뷰!

1. 목표

가족끼리 서로의 성격 강점에 대해 이야기를 나누고, 그 강점을 발전시키기 위한 작은 계획을 세워 보는 시간을 갖습니다.

2. 활동 방법

1) 가족과 강점 인터뷰 진행하기

- 학생이 가족구성원(부모님, 형제자매 등)을 인터뷰합니다.
- 다음 질문지를 참고해 자유롭게 질문해 보세요.

예 "당신이 생각하는 자신의 성격 강점은 무엇인가요?"

"그 성격 강점을 더 발전시키기 위해 앞으로 무엇을 해 보고 싶나요?"

Tip ✓ 가족이 학생에게도 같은 질문을 해 보면 더욱 좋아요!

2) 인터뷰 내용 간단히 기록하기

- 인터뷰 내용 간단히 기록하기
- 가족 구성원별로 들은 내용을 간단히 정리해 봅니다.

예 엄마 – 성격 강점: 친절 / 발전 계획: 말보다 행동으로 먼저 도와주기

아빠 – 성격 강점: 유머 / 발전 계획: 하루에 한 번 가족을 웃게 하기

3) 서로의 강점 발전 계획 응원하기

- 인터뷰를 마친 후, 가족끼리 서로의 계획에 대해 따뜻한 응원의 한마디를 적어 줍니다.

활동지 3-2 고

성격 강점 화분 만들기

____학년 ____반 이름:____________

1. 내가 키우고 싶은 성격 강점 하나 골라서, 나만의 성격 강점 화분을 만들어 보세요.

창의성	호기심	개방성	학구열	통찰력	용기
인내(끈기)	열정(활기)	진실성	사랑	친절	사회성
공평함	리더십	협동	관대함	겸손	자기조절
신중함	감사	낙관성	심미안	영성	유머

흙(필요한 상황)

물(실천 가능한 행동)

햇살(응원의 말)

발전하고 싶은
성격 강점 이름을
적어 주세요!

활동지 3-2 고

성격 강점 화분 만들기

____학년 ____반 이름:____________

2. 성격 강점을 실천한 나의 모습이나, 꽃이 피어난 화분을 자유롭게 표현해 보세요.

3. 응원의 물줄기

친구 이름	친구가 보내는 응원의 물줄기

3차시 결국 성공하는 나

자기인식	자기관리	관계인식	관계관리	공동체 가치 인식 및 관리	정신건강 인식 및 관리
○	○				

학습 목표

- 고정 마인드셋과 성장 마인드셋을 이해하고 차이를 말할 수 있다.
- 고정 마인드셋을 성장 마인드셋으로 바꾸는 구체적인 방법을 이해하고 적용할 수 있다.

성취 기준 2022 개정 교육과정

[4도01-03] 성실한 생활의 모범사례를 탐색하고 시간 관리를 위한 생활을 계획하여 지속적인 자기 성장을 모색한다.

[6국01-03] 주제와 관련하여 궁금한 내용을 질문하며 적극적으로 듣고 말한다.

[6도01-01] 자주적인 삶에 대한 이해를 바탕으로 자신의 생활 계획을 세우고 실천하여 주체적인 삶의 태도를 기른다.

[6도01-02] 생활 습관에 대한 성찰을 통해 자기 생활을 점검하고 올바른 계획을 세워 이를 실천한다.

수업의 흐름

도입: 유명한 사람들의 공통점 찾기 ▶ 활동1: 마인드셋 학습하기 ▶ 활동2: 마인드셋 바꾸기 ▶ 활동3: 포기 No! 도전 Go! ▶ 정리: 내용 정리 및 오늘의 문장 필사하기

평가 계획

상	고정 마인드셋과 성장 마인드셋의 차이를 정확히 설명하며 고정 마인드셋을 성장 마인드셋으로 바꾸는 방법을 활용할 수 있다.
중	고정 마인드셋과 성장 마인드셋의 차이를 말할 수 있고 고정 마인드셋을 성장 마인드셋으로 바꿀 수 있다.
하	고정 마인드셋과 성장 마인드셋의 차이를 이해하는 데 어려움이 있으며, 주변의 도움을 받아 고정 마인드셋을 성장 마인드셋으로 표현할 수 있다.

활동 순서와 방법

도입

유명한 사람들의 공통점 찾기

1 유명한 사람들의 공통점 찾기

"지금부터 유명한 두 사람의 이야기를 해 줄게요. 두 사람의 공통점이 무엇인지 찾아볼까요?"

첫 번째 이야기: 스티브 잡스(Steven Paul Jobs)

"스티브 잡스는 아이폰을 만든 사람입니다. 하지만 한때 자신이 만든 회사에서 해고당하는 어려움을 겪었어요. 그렇지만 포기하지 않고 다시 도전해 결국 아이폰과 맥북을 세상에 내놓았어요."

두 번째 이야기: 토머스 에디슨(Thomas Alva Edison)

"토머스 에디슨은 전구를 우리 모두가 사용할 수 있도록 만든 발명가예요. 그는 전구를 만들기까지 1,000번 넘게 실패했어요. 하지만 포기하지 않았고, 결국 우리가 전구를 지금 널리 사용할 수 있도록 만들었어요."

2 오늘의 수업 안내하기

"두 사람의 공통점은 모두 큰 어려움과 실패에도 포기하지 않고 끝까지 노력해서 성공했다는 점이에요. 오늘은 이처럼 끝까지 포기하지 않고 도전할 때 도움이 되는 마음가짐에 대해 함께 알아볼 거예요!"

활동1

마인드셋 학습하기

준비물 활동지 3-3

1 두 가지 생각 중 하나 고르기

- 선생님이 PPT에 두 가지 생각(고정 마인드셋, 성장 마인드셋)을 제시합니다.
- 학생들은 어려운 일을 끝까지 해야 할 때 도움이 되는 생각을 골라 발표합니다.

예 A: 어차피 못하는 일은 빨리 포기하자.

B: 지금 못해도 열심히 하면 끝낼 수 있어.

2 성장 마인드셋과 고정 마인드셋 알아보기

- 선생님이 성장 마인드셋과 고정 마인드셋의 개념과 예시를 제시합니다.
- 학생들은 학습한 개념을 바탕으로 활동지에서 성장 마인드셋을 골라 색칠합니다.

예 - 성장 마인드셋: 지금은 잘 못해도, 점점 더 잘할 수 있다고 믿고 노력하는 마음가짐
 - 고정 마인드셋: 나는 원래 못한다고 생각하고, 어려운 일은 쉽게 포기하는 마음가짐

활동2 마인드셋 바꾸기

준비물 활동지 3-3

1 마인드셋을 바꾸는 세 가지 방법 학습하기

- 이전에 학습한 내용을 복습합니다(저학년 3단원 3차시 활동 2 마음을 키우는 마법 참조).
- 선생님이 마인드셋을 바꾸는 3가지 방법을 소개하고 학생들은 예시를 통해 학습합니다.

방법	설명	예시
응원 더하기(+)	긍정적인 말로 스스로 응원하기	"나는 못해." → "나는 할 수 있어."
실패 빼기(−)	실패를 두려워하지 않는 태도 가지기	"망쳤어." → "실패는 배우는 과정이야."
노력 곱하기(×)	구체적인 목표와 방법으로 노력하기	"나는 영어 단어를 절대 못 외워." → "영어 단어 외우는 것은 어렵지만 하루에 5개만 외워 보자."

- 학생들은 활동지를 완성합니다.

활동3 포기 No! 도전 Go!

준비물 활동지 3-3

1 게임 준비하기

- 3~4명이 한 모둠을 구성하여 진행합니다.
- 학생은 활동 2를 참고해 활동지에 적힌 고정 마인드셋을 성장 마인드셋으로 바꿉니다.

2 포기 No! 도전 Go! 게임하기

- 간단한 게임을 통해 고정 마인드셋을 성장 마인드셋으로 바꾸는 연습을 합니다.

포기 No! 도전 Go! 게임 규칙

1. 각 칸에 적힌 고정 마인드셋을 성장 마인드셋으로 바꾸면 1점을 획득해요.
2. 오늘 배운 세 가지 전략을 모두 사용한 경우 보너스 점수 2점을 받아요.
3. 제한 시간(예: 3분, 5분) 가능한 한 많은 문장을 바꾸어요.
4. 모둠원의 점수를 더하여 합산 점수가 높은 모둠이 승리해요.

Tip
✓ 학생 이해도에 따라 게임 시간을 짧게 조절하여 진행할 수 있어요.
✓ 점수 합산 없이 문장을 바꾸어 보는 개별 활동으로 진행할 수 있어요.

정리
내용 정리 및 오늘의 문장 필사하기

1. 고정 마인드셋과 성장 마인드셋의 개념을 정리하고 소감을 나눕니다.
2. 활동한 내용을 기억하며 오늘의 문장을 필사합니다.
3. 성장 마인드셋을 일상생활에서 실천해 봅니다.

오늘의 문장 **실패해도 포기하지 않으면 결국 해낼 수 있어요.**

가정통신문 자료 다운로드

가족과 함께 계속 성장하기

1. 목표

가족과 함께 성장 마인드셋을 연습하고 실생활에서 실천해 봅니다.

2. 활동 방법

1) 고정 마인드셋, 성장 마인드셋 확인하기

학생이 고정 마인드셋과 성장 마인드셋을 설명합니다.

예 "고정 마인드셋은 내 지능과 능력이 지금에서 고정되어 있다고 생각하는 태도이고, 성장 마인드셋은 내 지능과 능력이 노력하면 지금보다 성장할 수 있다고 믿는 태도라고 배웠어요."

2) 가족별로 성장하고 싶은 목표 세우기

가족구성원 각자 키우고 이루고 싶은 목표와 구체적인 기간을 정합니다.

예 학생: "이번 학기에 공부를 좀 더 잘하고 싶어."
부모님: "이번 학기에 운동을 열심히 해서 건강해지고 싶어."

3) 포기하고 싶은 순간 포착하기

가족 중 목표를 포기하고 싶어 하는 사람이 있다면 그때를 포착합니다. 그 순간을 사진, 글로 남깁니다.

포기하고 싶은 모습을 들킨 사람은 목표를 크게 다시 외치며 "나는 변화하고 성장할 수 있다."를 3번 외칩니다.

4) 실천하기

점검을 통해, 포기하지 않고 꾸준히 성장한 가족구성원은 인정과 격려를 받고, 포기하고 싶은 순간이 많이 포착된 가족에게 간단한 벌칙(웃긴 표정 짓기 등)과 격려를 함께 보냅니다.

결국 성공하는 나

____학년 ____반 이름:____________

1. 성장 마인드셋과 고정 마인드셋의 뜻을 생각하며 다음 활동지에서 성장 마인드셋을 담은 문장을 골라 그 칸을 색칠해 보아요.

새로운 것을 배우는 것은 즐거워.	안 되면 빨리 포기해야지.	나는 어려운 일도 할 수 있어.
나는 뭐든 배울 수 있어.	한 단계씩 도전하면 나는 더 나아질 수 있어.	지금 실수했어도 이번에 배울 수 있는 부분이 있을 거야!
나는 앞으로 더 잘할 수 있을 거야.	힘들어도 분명히 나에게 도움이 될 거야.	나에게는 강점들이 있어.
친구들이 나보다 훨씬 잘해.	나는 다른 방법으로 다시 도전할 수 있어.	힘든 일은 하지 않을 거야.

2. 고정 마인드셋을 성장 마인드셋으로 바꾸는 세 가지 방법을 생각하며 다음 빈칸을 채워 보아요.

________ 더하기 ＋　　________ 빼기 －　　________ 곱하기 ×

3. 포기 No! 도전 Go! 게임

〈내 점수: ____________〉

나는 수학을 못해. ➡	너무 어려워서 하기 싫어. ➡	친구보다 못해서 부끄러워. ➡
틀릴까 봐 걱정되고 하기 싫어. ➡	나보다 잘하는 사람이 많아서 도전할 필요가 없어. ➡	이건 나랑 안 맞아서 안 할래. ➡
나는 맨날 실패해. ➡	나는 그림을 못 그려. ➡	숙제를 자주 틀려서 속상해. ➡
나는 처음부터 못했어. ➡	이건 너무 어려워. ➡	괜히 실수할까 봐 무서워. ➡

활동지 3-3 고

▸ [참고] 포기 No! 도전 Go! 게임 답안(예시)

번호	고정 마인드셋 문장	응원 더하기	실패 빼기	노력 곱하기
1	나는 수학을 못해.	나는 할 수 있어. 천천히 해 보자.	못하는 것이 아니라 배우는 중이야.	하루에 수학 문제 3개씩 풀어 볼 거야.
2	너무 어려워서 하기 싫어.	처음엔 어려워도 점점 나아질 수 있어.	어렵지만, 실패한 것은 아니야.	어려운 문제는 선생님께 질문하고 다시 풀어 볼 거야.
3	친구보다 못해서 부끄러워.	괜찮아, 나는 나만의 속도로 자라면 돼.	부끄러운 게 아니라 연습 중이야.	친구보다 잘하려고 하지 말고, 어제의 나보다 나아지자.
4	틀릴까 봐 걱정되고 하기 싫어.	틀려도 괜찮아! 나의 도전이 멋져.	지금 틀려도 노력하면 다음에는 성공할 수 있어.	틀려도 일단 끝까지 풀어 보는 연습을 해 보자.
5	나보다 잘하는 사람이 많아서 도전할 필요가 없어.	도전하는 것 자체가 멋진 거야!	잘하는 사람도 처음엔 몰랐어. 나도 할 수 있어.	나만의 연습 계획을 세워 조금씩 도전해 보자.
6	이건 나랑 안 맞아서 안 할래.	한 번쯤은 해 볼 만해! 내 안에 가능성이 있어.	안 맞는 게 아니라 익숙하지 않은 거야.	나에게 맞는 쉬운 방법부터 시작해 볼 거야.
7	나는 맨날 실패해.	실수는 누구나 해. 괜찮아, 다시 도전해 보자!	실패는 더 잘할 수 있게 도와주는 과정이야.	오늘은 딱 한 가지라도 작은 것부터 보자.
8	나는 그림을 못 그려요.	내 방식대로 그리는 것도 멋져!	못 그리는 게 아니라, 연습이 필요한 거야.	매일 조금씩 그림 그리기를 연습해 볼 거야.
9	숙제를 자주 틀려서 속상해.	괜찮아, 틀려도 다시 하면 돼!	틀리는 건 실력을 키우는 기회야.	틀린 문제는 다시 확인하는 습관을 만들자.
10	나는 처음부터 못했어.	누구나 처음엔 못했어. 괜찮아!	못했던 게 아니라 시작 단계였어.	아주 쉬운 것부터 다시 시작해 보자.
11	이건 너무 어려워요.	어려운 건 성장할 기회야!	어려운 건 내가 배우고 있다는 증거야.	오늘은 한 문제만 집중해서 풀어 볼 거야.
12	괜히 실수할까 봐 무서워.	실수해도 괜찮아. 나는 용기 있는 사람이야.	실수는 성장의 씨앗이야.	연습을 먼저 해 보자.

4

함께라서 더 좋아요

1차시	무인도 탈출! 협력이 필요해	✰ 배려하고 소통하며 협력하는 힘을 기르는 특별한 시간! ✰ 무인도 생존게임으로 '진짜 협력'의 가치를 느껴 봐요.
2차시	그 소문 진짜일까?	✰ 선생님, 뒷담화가 이렇게 무서운 거였어요? ✰ 뒷담화와 학교폭력 예방, 이 수업 하나로 충분해요!

1차시 무인도 탈출! 협력이 필요해

자기인식	자기관리	관계인식	관계관리	공동체 가치 인식 및 관리	정신건강 인식 및 관리
			○	○	

학습 목표

- 협력이 무엇인지 알아보고, 문제 해결 과정에서 협력의 중요성을 느낄 수 있다.
- 의견이 다를 때, 서로를 배려하고 협력하며 함께 해결책을 찾을 수 있다.

성취 기준 2022 개정 교육과정

[4국02-03] 질문을 활용하여 글을 예측하며 읽고 자신의 읽기 과정을 점검한다.

[4도03-01] 불공정의 사례를 탐구하고, 일상생활에서 공정의 가치를 추구하는 활동을 통해 실천 의지를 함양한다.

[4사08-02] 지역에서 이루어지는 민주주의 사례를 통해 주민 자치와 주민 참여의 중요성을 파악하고, 지역사회의 문제 해결에 참여하는 태도를 기른다.

[6국01-06] 토의에 협력적으로 참여하며 서로의 의견을 비교하고 조정한다.

수업의 흐름

도입: 밸런스 게임으로 호기심 유도하기 ▶ **활동**: 생존게임을 통해 협력의 가치 경험하기 ▶ **정리**: 내용 정리 및 오늘의 문장 필사하기

평가 계획

상	협력이 무엇인지 정확히 이해하고, 친구들과 적극적으로 소통하며 문제를 함께 해결한다. 의견이 다를 때 배려하는 태도로 협력적인 해결 과정을 이끈다.
중	협력의 중요성을 알고, 문제 해결 과정에 참여한다. 의견이 다를 때 어느 정도 배려하며 친구들과 소통하려는 모습을 보인다.
하	협력의 의미나 중요성에 대한 이해가 부족하고, 문제 해결 활동에 소극적으로 참여하거나 친구들과의 소통이 잘 이루어지지 않는다.

활동 순서와 방법

도입

밸런스 게임으로 호기심 유도하기

1 밸런스 게임하기

- 밸런스 게임으로 학생들이 하나를 선택하게 한 후, 이유를 물어봅니다.

"여러분, 재미있는 질문 하나 해 볼게요! 만약 무인도에서 살아남아야 한다면, 어느 쪽이 더 유리할까요?"

① 나 혼자 생존하기　　② 여러 명과 함께 생존하기

2 협력의 중요성을 배우며, 오늘의 수업 안내하기

"맞아요! 어려운 상황에서 혼자 해결하기보다 함께 힘을 합치는 것이 더 효과적일 때가 많아요. 오늘은 협력이 왜 중요한지, 그리고 협력하는 방법에는 어떤 것이 있는지 함께 배워 볼 거예요!"

활동

미션! 무인도에서 살아남기!

준비물 활동지 4-1, 문제 카드(선생님 자료)

1 팀 구성 및 상황 설명하기

- 4~5명씩 팀을 구성합니다.
- 선생님이 무인도 생존 시나리오를 설명합니다.

생존게임 시나리오

여러분은 배가 난파되어 무인도에 떨어졌어요. 섬에는 먹을 것도, 집도 없어요. 다행히 물품 10개 중 5개를 선택할 기회가 있어요. 여러분은 이 물품을 이용해 3일 동안 모두 함께 살아남아야 합니다. 과연 어떤 물품을 선택해야 할까요?

2 활동 전 협력 규칙 제시하기

- 문제 해결을 시작하기 전에, 선생님이 다음과 같은 규칙을 안내합니다.

게임 규칙

① 모든 팀원이 의논에 참여해야 해요.

② 서로의 의견을 충분히 듣고, 배려하며 타협하는 방향으로 결정해요.

③ 가장 좋은 해결책은 모두가 만족하고, 협력과 소통을 가장 잘 실천한 해결책이에요.

3 물품 선택 및 이유 정하기

- 팀별로 물품 목록을 받습니다.

예 - 칼, 성냥, 물 1L, 텐트, 낚싯대, 로프(밧줄), 돋보기, 지도, 손전등, 한 끼 식량

- 팀원들과 상의하여 5개만 선택합니다(제한 시간 5분).
- 선택한 물품의 이유를 짧게 작성합니다.

예) "칼을 선택한 이유는 나무를 자르고 식량을 얻는 데 필요하기 때문이에요."

"물통이 없으면 생존이 어렵기 때문에 가장 먼저 선택했어요."

4 생존 계획 세우기

- 선택한 물품을 활용해 3일 동안 생존할 계획을 모둠이 함께 작성합니다.

예 - 첫째 날: "무엇을 해야 할까요?"

- 둘째 날: "식량과 물을 어떻게 구할까요?"
- 셋째 날: "구조 신호를 보내려면 어떻게 해야 할까요?"

Tip

✓ 게임 규칙을 다시 상기시키며, 모든 팀원이 의견을 내고 역할을 나누도록 유도합니다.

✓ 선생님은 모둠 활동을 지켜보며 활동에 소외된 학생이 없는지 살펴봅니다.

5 문제 해결하기

- 선생님이 모둠에게 무작위로 '문제 카드(p. 204)'를 제시합니다.
- 팀별로 해결책을 고민한 후, 대안을 제시합니다.

예 문제 카드 예시

폭우가 쏟아졌어요!

- 비가 많이 내려서 불이 꺼지고, 텐트도 젖었어요.
- 어떻게 해야 비를 피하고 불을 다시 피울 수 있을까요?

식량이 부족해요!

- 예상보다 음식이 빨리 줄어들었어요.
- 남은 물품을 활용해 식량을 추가로 확보하는 방법을 찾아보세요.

벌레 떼가 습격했어요!

- 밤이 되자 모기와 벌레가 너무 많아 잠을 잘 수 없어요.
- 물품을 활용해서 벌레를 막을 방법을 찾아보세요.

구조 신호가 실패했어요!

- 낮에 연기를 피워 구조 신호를 보냈지만, 비행기가 보지 못하고 지나갔어요.
- 더 확실한 구조 신호를 보내려면 어떻게 해야 할까요?

물품 하나가 망가졌어요(선생님이 망가진 물품 하나를 임의 지정합니다)!

- 칼이 부러지거나, 성냥이 모두 젖어 버렸어요.
- 이 문제를 해결할 방법이 있을까요?

팀원이 다쳤어요!

- 팀원 중 한 명이 나뭇가지에 발을 다쳐서 걸을 수 없어요.
- 선택한 물품 중 어떤 것을 활용해서 도와줄 수 있을까요?

6 발표 및 공유

- 각 팀이 선택한 물품과 생존 계획, 문제를 해결할 방법을 발표합니다.
- 선생님은 팀의 발표를 들으며 질문합니다.

  예 - "모두가 같은 의견이었나요? 다를 때는 어떻게 결정했나요?"

  - "팀원들의 다양한 생각이 도움이 된 점이 있었나요?"
- 모든 팀의 발표를 들은 후, 협력과 소통이 가장 잘 된 모둠을 선정합니다.
- 선정된 모둠은 어떤 곤란함을 겪었고, 어떻게 극복했는지 발표합니다.

정리 내용 정리 및 오늘의 문장 필사하기

1. 협력이 더 좋은 결정을 만드는 데 도움이 된다는 것을 정리하고 소감을 나눕니다.
2. 활동한 내용을 기억하며 오늘의 문장을 필사합니다.
3. 친구들과 의견이 다를 때 존중하고 협력하는 태도를 실천해 봅니다.

오늘의 문장 **모두의 생각을 모으면 더 좋은 해결책이 나와요.**

생존게임 문제 카드

〈문제 카드〉를 잘라서 생존게임 중간에 모둠별로 한 장씩 나누어 주세요.

폭우가 쏟아졌어요!

갑자기 문제가 발생했어요! 어떻게 이 문제를 해결할지 모둠별로 상의해 보세요!

- 비가 많이 내려서 불이 꺼지고, 텐트도 젖었어요.
- 어떻게 해야 비를 피하고 불을 다시 피울 수 있을까요?

식량이 부족해요!

갑자기 문제가 발생했어요! 어떻게 이 문제를 해결할지 모둠별로 상의해 보세요!

- 예상보다 음식이 빨리 줄어들었어요.
- 남은 물품을 활용해 식량을 추가로 확보하는 방법을 찾아보세요.

벌레 떼가 습격했어요!

갑자기 문제가 발생했어요! 어떻게 이 문제를 해결할지 모둠별로 상의해 보세요!

- 밤이 되자 모기와 벌레가 너무 많아 잠을 잘 수 없어요.
- 물품을 활용해서 벌레를 막을 방법을 찾아보세요.

구조 신호가 실패했어요!

갑자기 문제가 발생했어요! 어떻게 이 문제를 해결할지 모둠별로 상의해 보세요!

- 낮에 연기를 피워 구조 신호를 보냈지만, 비행기가 보지 못하고 지나갔어요.
- 더 확실한 구조 신호를 보내려면 어떻게 해야 할까요?

물품 하나가 망가졌어요!

갑자기 문제가 발생했어요! 어떻게 이 문제를 해결할지 모둠별로 상의해 보세요!

- 칼이 부러지거나, 성냥이 모두 젖어 버렸어요.
- 이 문제를 해결할 방법이 있을까요?

팀원이 다쳤어요!

갑자기 문제가 발생했어요! 어떻게 이 문제를 해결할지 모둠별로 상의해 보세요!

- 팀원 중 한 명이 나뭇가지에 발을 다쳐서 걸을 수 없어요.
- 선택한 물품 중 어떤 것을 활용해서 도와줄 수 있을까요?

가정연계활동

가정통신문 자료 다운로드

가족과 함께하는 협동 챌린지

1. 목표

가족이 함께 협력하는 경험을 하며, 서로 돕고 존중하는 태도를 기릅니다.

2. 활동 방법

1) 가족과 함께해야 할 '협력 활동' 하나를 정합니다.

예 함께 청소하기 / 가족이 역할을 나눠 요리하기

2) 활동 후 협력한 경험을 돌아봅니다.

- "각자 역할을 나눠서 하니까 더 빠르게 끝났어요!"
- "서로 의견이 달랐을 때, 어떻게 해결했는지 이야기해 봐요."

3) 가족 협력 미션을 마친 후 소감을 나눕니다.

- "앞으로 가족과 협력할 때 더 잘하려면 어떻게 하면 좋을까?"

미션! 무인도에서 살아남기!

___학년 ___반 이름:__________

생존게임 시나리오 소개

여러분은 배가 난파되어 무인도에 떨어졌어요. 섬에는 먹을 것도, 집도 없어요. 다행히 물품 10개 중 5개를 선택할 기회가 있어요. 여러분은 이 물품을 이용해 3일 동안 살아남아야 합니다. 과연 어떤 물품을 선택해야 할까요?

물품: 칼, 성냥, 물 1L, 텐트, 낚싯대, 로프(밧줄), 돋보기, 지도, 손전등, 한 끼 식량

1. 우리 모둠이 선택한 5개의 물품은 무엇인가요? 그 이유도 함께 적어 주세요.

물품	선정 이유

2. 선택한 물품을 활용해 3일 동안 생존할 계획을 함께 작성합니다.

첫째 날	
둘째 날	
셋째 날	

3. 우리 모둠에 생긴 '문제 상황'은 무엇인가요? 이것을 어떻게 해결할 수 있을까요?

문제 상황

해결책

4. 협력과 소통이 가장 잘된 모둠은?

- 모든 팀의 발표를 들은 후, 협력과 소통이 가장 잘 이루어진 모둠을 선정합니다.
- 이 모둠은 어려움이 발생했을 때, 어떻게 극복했는지 이야기를 들어 봅니다.

모둠	극복 비결

2차시 그 소문 진짜일까?

자기인식	자기관리	관계인식	관계관리	공동체 가치 인식 및 관리	정신건강 인식 및 관리
			○	○	

학습 목표

- 말이 전달되는 과정에서 내용이 변할 수 있음을 이해하고, 신중하게 말하는 습관을 기른다.
- 소문이 퍼지는 원인을 알고, 그로 인해 발생할 수 있는 문제를 인식한다.
- 소문을 지혜롭게 대처하는 방법을 배우고, 적절한 말하기 태도를 실천한다.

성취 기준 2022 개정 교육과정

[4국02-04] 글에 나타난 사실과 의견을 구분하고 필자와 자신의 의견을 비교한다.

[6국01-03] 주제와 관련하여 궁금한 내용을 질문하며 적극적으로 듣고 말한다.

[6도02-02] 편견이 발생하는 이유를 탐색하여 해결 방안을 살펴보고, 다양성 존중을 바탕으로 다른 사람과 올바른 관계를 맺기 위한 실천 방안을 탐구한다.

수업의 흐름

도입: 기억력 게임 진행하기 ▶ 활동1: 그림책 『그 소문 진짜야?』 함께 읽기 ▶ 활동2: 게임 규칙 바꿔 보기 ▶ 활동3: 뒷담화 그만! 포스터 만들기 ▶ 정리: 내용 정리 및 오늘의 문장 필사하기

평가 계획

상	말이 전해지는 과정에서 소문이 어떻게 달라질 수 있는지 정확히 이해하고, 말하기 전 사실 여부를 꼼꼼히 확인하며, 신중하게 말하기를 적극 실천한다.
중	소문이 달라질 수 있음을 대체로 알고, 말하기 전 사실 여부를 일부 확인하나, 신중하게 말하는 모습이 부분적으로만 보인다.
하	소문이 달라지는 이유와 위험성을 충분히 이해하지 못하고, 말하기 전 사실 여부를 거의 확인하지 않으며, 신중하게 말하려는 모습이 잘 보이지 않는다.

활동 순서와 방법

도입

기억력 게임 진행하기

준비물 빈 종이(모둠별 1장씩), 그림 자료(선생님 자료)

1 게임 및 방법 안내하기

1. 게임: "오늘은 기억력 게임을 진행해 볼 거예요. 모두 얼마나 기억력이 좋은지 한번 알아볼까요?"
2. 학생들을 한 줄로 앉게 하고, 앞에서부터 1, 2, 3, 4번 번호를 부여합니다.
3. 1번을 제외한 모든 학생은 눈을 감습니다.
4. 1번 학생만 선생님이 제시하는 그림*을 1분 동안 기억합니다.
5. 1번 → 2번 → 3번 → 4번 순서로 그림의 내용을 말로 전달합니다.
   - 이때! 말하는 사람만 말할 수 있고, 듣는 사람은 질문할 수 없습니다!
   - 듣는 사람은 절대 질문 금지!
6. 마지막(4번) 학생은 전달받은 내용을 바탕으로 그림을 그립니다.
7. 최종 그림을 원래 그림과 비교하며, 얼마나 바뀌었는지 확인합니다.

2 게임의 의도 및 수업 안내하기

"그림이 이렇게 왜곡된 이유는 무엇일까요? 사실, 이 게임은 우리가 평소에 자주 하는 소문이나 뒷담화가 얼마나 바뀔 수 있는지 알아보기 위해 진행한 거였어요. 말은 전달되는 과정에서 조금씩 변할 수 있어요. 처음에는 작은 차이였지만, 점점 커지면서 사실과는 전혀 다른 내용이 되기도 해요. 오늘은 소문을 지혜롭게 대처하는 방법을 함께 배워 볼 거예요."

* 212쪽에 제시되어 있는 〈기억력 게임을 위한 그림 준비 가이드〉를 참고해 주세요.

활동1

그림책 『그 소문 진짜야?』 함께 읽기

책 소개

『그 소문 진짜야?』는 소문을 듣고 전하기 전에 신중해야 한다는 메시지를 전하는 그림책입니다. 숲속에서 퍼진 소문을 확인하려는 참새에게 곰은 차분히 질문을 던지며 스스로 생각하도록 이끕니다. 이 과정은 말 한마디의 무게와 책임을 돌아보게 하며, 올바른 소통 태도를 고민하게 만듭니다.

1 (책을 읽은 후) 질문을 통해 생각 유도하기

- 내가 고민거리가 생기면 참새와 곰 중 어떤 친구에게 털어놓을지 생각해 봅니다.
- 그렇게 선택한 이유를 발표하고, 현재 나는 어떤 친구와 가까운지 이야기해 봅니다.

2 소문 대처법 배우기

- 그림책 내용을 바탕으로 '멈춘다, 생각한다, 지혜롭게 행동한다' 3단계 대처법을 배웁니다.
  ① 멈춘다 – "소문을 들었다고 바로 믿거나 퍼뜨리지 않아요."
  ② 생각한다 – "이 소문이 사실인지, 누군가에게 피해를 주지는 않을지 고민해 봐요."
  ③ 지혜롭게 행동한다 – "소문이 퍼지지 않도록 조심하고, 사실이 아니라면 바로잡아요."

Tip ✓ 그림책에서 곰이 참새에게 건넨 말을 떠올릴 수 있도록 도와주세요.

- 소문이 퍼졌을 때, 좋은 행동과 좋지 않은 행동을 비교합니다.
  예 – 좋은 행동: "나는 직접 본 게 아니니까 사실인지 모르겠어."
  – 좋지 않은 행동: "진짜야? 나도 다른 친구한테 말해야겠다!"
- 학생들에게 다음과 같은 질문을 던져 봅니다.
  예 – "소문이 나에게 돌아온다면 어떤 기분이 들까요?"
  – "내가 퍼뜨린 소문이 사실이 아니라면, 누군가는 상처받을 수도 있겠죠?"

활동2

게임 규칙을 바꿔 보자!

준비물 빈 종이(모둠별 1장씩)

1 게임 규칙 바꿔 다시 진행하기

- 이전 게임과 다르게, 듣는 사람도 질문할 수 있어요! 다만, 다음과 같은 제한이 있습니다.

- 자리 이동은 금지입니다(1번, 2번, 3번, 4번 순서 고정).
- 앞 사람한테만 질문할 수 있어요. 예를 들어, 4번이 궁금한 점이 있으면 먼저 3번에게 물어보고, 3번도 필요한 경우 2번에게, 2번은 1번에게 물어볼 수 있습니다.

• 게임 진행 과정

① 새로운 규칙을 설명한 후, 다시 게임을 진행합니다.

② 이번에도 마지막 학생이 그림을 그려 원래 그림과 얼마나 비슷한지 비교합니다.

2 게임 결과 비교하기

• "처음 게임과 비교했을 때, 결과가 어떻게 달라졌나요?"
• "왜 이번에는 더 정확하게 전달되었을까요?"
• 소문의 확산을 막는 방법 정리하기
  예 - "잘못된 정보가 퍼지는 걸 막으려면, 무조건 믿지 말고 확인하는 과정이 필요해요!"
• 소문이 퍼질 때 우리가 해야 할 일 정리하기
  예 - "소문을 듣자마자 퍼뜨리는 것이 아니라, 한번 더 확인해 보기!"
  - "잘못된 정보라면 바로잡기!"
  - "모두가 함께 지혜롭게 행동하는 습관을 갖기!"

활동3 뒷담화 그만! 포스터 만들기

준비물 활동지 4-2

1 소문의 위험성과 올바른 말하기 습관을 담은 포스터를 만들어 봅니다.

2 완성된 포스터는 교실 벽이나 게시판에 게시합니다.

정리 내용 정리 및 오늘의 문장 필사하기

1. 말하기 전에 한 번 더 생각하는 습관이 중요함을 정리하고 소감을 나눕니다.
2. 활동한 내용을 기억하며 오늘의 문장을 필사합니다.
3. 말이 친구에게 미치는 영향을 고민하고 신중하게 말하는 태도를 실천해 봅니다.

오늘의 문장 소문과 뒷담화는 지혜롭게 넘겨요.

선생님 참고자료 - 기억력 게임을 위한 그림 준비 가이드

1. 단순하지만 직관적이지 않은 요소가 포함되면 좋습니다. 너무 쉽게 연상할 수 있는 그림이 아니라, 예상치 못한 요소가 포함되어야 합니다.
2. 서로 연관 없는 요소를 결합하면 좋습니다. 일반적으로 함께 등장하지 않는 것들을 조합하여 학생들이 세부적으로 기억할 수 있도록 도와주세요.

예시 그림

〈활동 1〉

〈활동 2〉

가정연계활동

가정통신문 자료 다운로드

우리 가족 '말의 힘' 실천하기

1. 목표

가족 간에도 서로를 존중하는 말하기를 실천하며, 따뜻한 소통이 관계를 더욱 돈독하게 만든다는 것을 경험합니다.

2. 활동 방법

1) 하루 동안 가족에게 긍정적인 말 한마디 실천하기

"오늘 하루 어땠어? 힘들진 않았어?"

"고마워." "미안해." "사랑해." 같은 말 한마디 건네기

2) 가족끼리 험담하거나 소문을 나누려는 순간이 있다면, '이 말이 필요한 말일까?' 생각해 보기

3) 하루가 끝난 뒤, 가족과 함께 이야기 나누기

"오늘 가족에게 긍정적인 말을 건넸을 때, 어떤 기분이 들었나요?"

"우리 가족이 앞으로 어떤 말을 더 많이 하면 좋을까요?"

활동지 4-2 고

뒷담화 그만! 포스터 만들기

___학년 ___반 이름:__________

오늘 수업을 통해 뒷담화나 잘못된 소문이 퍼지면 친구에게 상처를 줄 수 있다는 것을 배웠어요. 이번 활동에서는 소문의 위험성과 올바른 말하기 습관을 알리는 포스터를 만들어 봅시다.

포스터에는 이런 내용을 담아 보세요!

- ☑ 뒷담화와 소문의 위험성을 알리는 문구
- ☑ 친구들에게 올바른 말하기 습관을 실천하도록 돕는 메시지
- ☑ 주제를 잘 전달할 수 있는 그림 또는 디자인

5

공감하고 대화해요

1차시	마음을 연결하는 공감	✯ 자기중심적인 아이에게 꼭 필요한 공감 수업 ✯ 듣기 - 이해 - 반응, 공감의 3단계를 몸으로 익혀요.
2차시	대화의 비밀: 소통의 6가지 열쇠	✯ 대화가 어려운 아이를 위한 맞춤형 사회성 수업 ✯ 실전에서 바로 써먹는, 구체적인 소통법을 배워요.
3차시	부드럽게 거절하는 방법	✯ "싫어."도, 거절을 받아들이는 것도 연습이 필요해요. ✯ 관계가 서툰 아이들을 위한 소통 수업

1차시 마음을 연결하는 공감

자기인식	자기관리	관계인식	관계관리	공동체 가치 인식 및 관리	정신건강 인식 및 관리
○		○	○		

학습 목표

- 공감의 개념을 이해하고, 공감에 필요한 자세를 구체적으로 설명할 수 있다.
- 공감 표현의 3단계를 이해하고 이를 실생활에서 실천할 수 있다.

성취 기준 2022 개정 교육과정

[4도01-04] 다른 사람의 관점을 수용할 수 있는지를 도덕적으로 검토하고 도덕규범을 내면화하여 도덕적으로 행동할 수 있는 자세를 기른다.

[4도02-03] 공감의 태도가 필요한 이유를 이해하고 도덕적 상상력을 바탕으로 대상과 상황에 따라 감정을 나누는 방법을 탐구하여 실천한다.

[6국02-04] 문제 상황과 관련된 다양한 관점의 글을 읽고 이를 문제 해결에 활용한다.

수업의 흐름

도입: 공감 경험 나누기 ▶ 활동1: 공감의 모양 ▶ 활동2: 공감의 3단계 및 역할극 ▶ 정리: 내용 정리 및 오늘의 문장 필사하기

평가 계획

상	공감의 개념을 언어로 설명할 수 있고, 공감의 3단계를 대화에 적용할 수 있다.
중	공감의 개념을 언어로 설명할 수 있지만, 공감의 3단계를 대화에 적용하는 데 어려움이 있다.
하	공감의 개념과 공감의 3단계를 언어로 설명하는 데 어려움이 있다.

활동 순서와 방법

도입

공감 경험 나누기

준비물 2개의 가방(또는 바구니), 무거운 짐, 솜

1 활동 함께하기

- 두 명의 학생을 뽑아 앞으로 나오게 합니다.
  (규칙: 가방 안에 뭐가 들었는지 모르게 진행합니다, 학생들은 말을 할 수 없습니다.)
- 두 명의 학생에게 각각 가방을 나눠 줍니다.
  (한 명은 무거운 짐, 다른 한 명은 솜이 들어 있는 가방)
- 학생들은 서로의 가방 내용물을 모른 채 아무 말 없이 높이뛰기 5~10회를 합니다.

Tip ✓ 가방이 없으면 대체물품으로 바구니를 사용할 수 있습니다.

2 경험 나누기

"무거운 짐을 들고 있던 학생은 누구이고, 어떤 기분이었을까요?"
"서로의 마음을 온전히 이해하기 위해선 어떻게 해야 할까요?"

3 '공감'의 뜻을 소개하고 오늘의 수업 안내하기

"여러분이 방금 한 활동처럼 이렇게 상대방의 마음을 이해하려고 노력하는 것을 '공감'이라고 해요. 오늘은 공감이 무엇인지 배워 볼 거예요."

활동1

공감의 모양

준비물 활동지 5-1

1 공감의 마인드맵 작성하기

- 공감의 의미를 설명하고, 6가지 질문이 적혀 있는 활동지를 배부합니다.
  예 공감이란, 상대방의 입장을 이해하며 혼자라고 느끼지 않도록 도와주는 것을 말합니다.

• 개인별로 자신의 답을 작성하도록 안내합니다.

개인별 활동지 질문

- 공감의 캐릭터 그리기(활동지 가운데)
- 공감이란? (각자만의 문장이나 형용사로 표현해 보기)
- 공감은 이렇게 행동하는 거예요.
- 공감은 이렇게 말하는 거예요.
- 공감은 이런 걸 하지 않는 거예요.
- 공감은 이렇게 상대방을 바라보는 거예요.
- 공감은 이런 자세로 상대방을 대합니다.

2 작성한 공감의 마인드맵 모둠별 발표하기

- 개인별로 작성한 활동지를 모둠 내에서 이야기하고, 질문에 따라 가장 좋은 답변을 뽑아 모둠별로 발표합니다.

활동2 공감의 3단계

준비물 활동지 5-2

1 공감의 3단계 이해하기

- 공감의 3단계 설명하기

① 선생님이 공감의 3단계를 설명합니다.

② 한 명의 학생이 고민 상황을 이야기합니다.

예 "친구가 나를 무시하는 것 같아요."

공감의 3단계

1) 경청하기

- 의미: 온몸을 활용하여 상대방의 이야기를 귀 기울여 듣는 것
- 방법: 학생의 이야기를 경청한 후, "내가 들은 바로는 너가 ~해서 ~하다고 느끼는 것 같아."라고 상대방의 마음을 잘 정리하여 말합니다.

2) 상대방의 감정 인정하기

- 의미: 상대방이 느꼈을 생각과 감정을 있는 그대로 존중하는 것
- 방법: "~상황이라면 나도 그렇게 느꼈을 것 같아."라고 상대방의 입장에서 느꼈을 감정을 인정합니다.

3) 마음 알아주기

- 의미: 상대방의 입장을 이해하며 상대방이 혼자라고 느끼지 않도록 도와주는 것
- 방법: "너의 기분을 이해해, 정말 힘들었겠다. 내가 도울 수 있는 건 돕고 싶어."와 같은 방법으로 상대방의 마음을 이해하고 위로하는 표현을 전달합니다.

- 공감 vs 비공감 보여 주기

  선생님이 두 가지 상황을 시연합니다.

  ① 공감의 3단계를 활용한 상황

  예 "친구가 무시한다고 느껴서 속상했구나. 나도 그랬을 거 같아. 선생님이 도울 수 있는 건 돕고 싶어."

  ② 공감의 3단계를 사용하지 않은 상황

  예 "네가 잘못 본 거겠지! 걔가 그럴 리가 없잖아. 혼자 오해하지 말고 가서 풀어!"

- 학생 소감 나누기

  각 상황을 본 후, 학생들에게 어떤 느낌이었는지 소감을 듣습니다.

2 활동지 작성하기

제시된 상황에 따라 공감의 3단계를 활동지에 작성합니다.

Tip ✓ 개별 활동지를 제공하되, 모둠별로 각각 다른 상황이 적힌 활동지로 나눠 주세요.

3 모둠별 역할극 발표하기

- 모둠 내에서 각자 작성한 활동지를 공유합니다.
- 모둠별로 학생 한 명이 앞으로 나와 작성한 공감의 내용을 역할극으로 발표합니다.

정리

내용 정리 및 오늘의 문장 필사하기

1. 공감의 의미 및 공감 표현의 3단계를 정리하고 소감을 나눕니다.
2. 활동한 내용을 기억하며 오늘의 문장을 필사합니다.
3. 공감 표현 3단계를 일상에서 실천해 봅니다.

오늘의 문장 **나는 친구가 외롭지 않도록 배려하고 공감해요.**

가정연계활동

가정통신문 자료 다운로드

공감하며 대화하기

1. 목표

공감을 활용하여 대화하는 방법을 배웁니다.

2. 활동 방법

1) 공감에 필요한 것 vs 필요하지 않은 것을 먼저 생각해 보고 규칙 정하기

공감에는 위로의 말, 응원의 말, 존중 등이 필요하지만 평가, 비난, 잔소리, 조언은 필요하지 않습니다. 이와 같은 방식으로 우리 가족만의 공감 대화 시작 전, 규칙을 세워 보세요.

2) 공감하는 자세로 대화하기

공감은 다른 사람의 입장에서 생각하고 그 감정을 이해하는 과정입니다. 잠깐 시간을 내어 공감의 3단계를 활용하여 대화해 보세요.

1단계: 경청하기

한 사람을 정하고, 그 사람의 이야기를 1~2분간 경청한 후, "내가 들은 바로는 너가 ~해서 ~하다고 느끼는 것 같아."라고 상대방의 마음을 잘 정리하여 말합니다.

2단계: 상대방의 감정 인정하기

"~상황이라면 나도 그렇게 느꼈을 것 같아."라고 상대방의 입장에서 느꼈을 감정을 인정합니다.

3단계: 마음을 알아주기

"너의 기분을 이해해. 정말 힘들었겠다."와 같은 방법으로 상대방의 마음을 이해하고 위로하는 표현을 전달합니다.

활동지 5-1 고

공감의 모양

___학년 ___반 이름:__________

다음의 6가지 질문에 대해 답을 작성해 주세요.
다 작성한 후, 가운데에 공감의 캐릭터를 그려 주세요.

공감이란?
(나만의 문장이나 형용사로 표현하기)

공감이란 이렇게 행동해요!

공감이란 이렇게 말해요!

공감의 모양

공감은 이런 행동은 하지 않아요.

상대방을 이렇게 바라봐요.

이런 자세로 상대를 대해요.

공감의 3단계

___학년 ___반 이름:__________

다음의 상황을 읽고 공감의 3단계에 따라 하율이에게 공감해 보세요.

하율이와 시우는 1학년 때부터 정말 친한 친구예요.
지난 여름, 시우는 지후라는 새 친구와도 친해졌어요.
새학기가 시작되고, 시간이 지나면서 시우는 지후와 더 자주 놀게 되었어요. 하율이는 시우와 지후를 보면서 화가 나기 시작했고, 점점 멀어졌어요.
하율이에게 뭐라고 공감해 주면 좋을까요?

1단계 경청하기

하율이가 말한 내용을 잘 들었다는 표시로, 중요한 내용을 정리하여 작성해 주세요.

예 "내가 듣기에는, 네가 (하율이가 처한 상황) 해서 (감정) 하다고 느끼는 것 같아."

2단계 상대방의 감정 인정하기

하율이가 어떤 기분이었을지 생각해 보고, 그 마음을 이해하는 말을 써 주세요.

예 "내가 너였어도 ~ 감정을 느꼈을 것 같아."

3단계 상대방의 마음 알아주기

하율이가 힘이 날 수 있도록 따뜻한 말을 써 주세요.

예 "너의 기분을 이해해. 정말 힘들었겠다."

활동지 5-2 고

공감의 3단계

___학년 ___반 이름:__________

다음의 상황을 읽고 공감의 3단계에 따라 **민영이**에게 공감해 보세요.

민영이가 이삭이에게 "아빠가 일을 그만두셔서 진짜 속상해……."라고 말했어요.
민영이는 "제발 아무한테도 말하지 말아줘."라고 부탁했어요.
그런데 나중에 민영이는 이삭이가 수지에게 그 이야기를 했고, 결국 다른 친구들도 다 알게 됐다는 걸 알게 됐어요.
이런 상황에서 민영이에게 뭐라고 공감해 주면 좋을까요?

1단계 경청하기

민영이가 말한 내용을 잘 들었다는 표시로, 중요한 내용을 정리하여 작성해 주세요.

예 "내가 듣기에는, 네가 (민영이가 처한 상황) 해서 (감정) 하다고 느끼는 것 같아."

2단계 상대방의 감정 인정하기

민영이가 어떤 기분이었을지 생각해 보고, 그 마음을 이해하는 말을 써 주세요.

예 "내가 너였어도 ~ 감정을 느꼈을 것 같아."

3단계 상대방의 마음 알아주기

민영이가 힘이 날 수 있도록 따뜻한 말을 써 주세요.

예 "너의 기분을 이해해. 정말 힘들었겠다."

공감의 3단계

___학년 ___반 이름:________

다음의 상황을 읽고 공감의 3단계에 따라 경훈이에게 공감해 보세요.

경훈이는 친구들과 운동장에서 신나게 축구하고 있었어요. 그런데 갑자기 동훈이가 와서 "나도 축구하고 싶어!"라고 하며 같이 놀자고 했어요.
경훈이는 난감했어요. 이미 인원이 다 찼거든요. 그래서 경훈이는 "이미 팀이 다 정해져 있어서 안돼……."라고 대답했어요. 그러자 동훈이는 속상해서 "흥!"하며 돌아가 버렸어요.
이런 상황에서 경훈이에게 뭐라고 공감해 주면 좋을까요?

1단계 경청하기

경훈이가 말한 내용을 잘 들었다는 표시로, 중요한 내용을 정리하여 작성해 주세요.

예 "내가 듣기에는, 네가 (경훈이가 처한 상황) 해서 (감정) 하다고 느끼는 것 같아."

2단계 상대방의 감정 인정하기

경훈이가 어떤 기분이었을지 생각해 보고, 그 마음을 이해하는 말을 써 주세요.

예 "내가 너였어도 ~ 감정을 느꼈을 것 같아."

3단계 상대방의 마음 알아주기

경훈이가 힘이 날 수 있도록 따뜻한 말을 써 주세요.

예 "너의 기분을 이해해. 정말 힘들었겠다."

2차시 대화의 비밀: 소통의 6가지 열쇠

자기인식	자기관리	관계인식	관계관리	공동체 가치 인식 및 관리	정신건강 인식 및 관리
		○	○		

학습 목표

- 바람직한 대화에 태도를 이해하고 이를 실생활에서 실천할 수 있다.
- 실생활에서 6가지 대화 기술을 적용하여 대화할 수 있다.

성취 기준 2022 개정 교육과정

[4국02-03] 질문을 활용하여 글을 예측하며 읽고 자신의 읽기 과정을 점검한다.

[4도02-03] 공감의 태도가 필요한 이유를 이해하고 도덕적 상상력을 바탕으로 대상과 상황에 따라 감정을 나누는 방법을 탐구하여 실천한다.

[6국01-03] 주제와 관련하여 궁금한 내용을 질문하며 적극적으로 듣고 말한다.

수업의 흐름

도입 좋은 대화란? 퀴즈내기 ▶ **활동1** 바람직한 대화의 태도 ▶ **활동2** 대화의 6가지 방법 마인드맵 ▶ **정리** 내용 정리 및 오늘의 문장 필사하기

평가 계획

상	바람직한 대화 태도와 대화의 6가지 방법을 정확히 이해하여 언어로 표현할 수 있고, 이를 실제 대화에 적용할 수 있다.
중	바람직한 대화 태도와 대화의 6가지 방법을 언어로 표현할 수 있으나, 이를 실제 대화에 적용하는 데 어려움이 있다.
하	바람직한 대화 태도와 대화의 6가지 방법을 언어로 설명하는 데 어려움이 있고, 이를 실제 대화에 적용하기에 어려움이 있다.

활동 순서와 방법

도입

좋은 대화란? 퀴즈 내기

1 대화 관찰하기

- 선생님이 "대화를 잘한다는 것은 무엇일까요?"라고 학생들에게 질문합니다.
- 대화를 잘할 수 있다고 손을 든 학생이 짝꿍과 함께 대화하는 모습을 보여 줍니다.

"나는 대화를 잘할 수 있다! 하는 친구는 짝꿍을 데리고 앞으로 나와서 친구와 오늘 아침부터 지금까지 있었던 일에 대해 대화하는 모습을 1분 동안 보여 주세요."

Tip
✓ 지원자가 없을 경우, 무작위로 두 학생을 뽑아 대화해 보도록 합니다.
✓ 아침에 일어나서 먹은 음식, 학교 오는 과정에 대해 이야기하도록 안내합니다.

2 대화 관찰하고 의견 나누기

"(대화를 1분간 본 후) 여러분, 어땠나요? 대화 중에 어떤 부분이 재미있었나요?"
"친구가 잘한 점은 무엇인가요(예 질문하기, 경청하기 등)?"
"대화에서 어떤 점을 개선하면 좋을까요(예 대화 주제를 바꾸기, 경청하기, 눈 맞추기 등)?"

3 오늘의 수업 안내하기

"우리는 하루에 수차례 대화를 하죠. 가족, 선생님 그리고 친구들과 대화를 합니다. 그러나 대화를 잘 이어 가는 것은 생각보다 어려운 일이에요. 오늘은 대화를 이어 가는 데 필요한 태도와 6가지 대화 기술에 대해 배워 볼 거예요."

활동1

바람직한 대화의 태도

준비물 영상 1(유퀴즈 유재석 인터뷰 영상 또는 유명인 대화 영상)
(https://www.youtube.com/watch?v=6KAOFkUdHFM&t=63s 10:30~11:18)

1 바람직한 대화의 태도 발견하기

- 선생님이 학생 1명을 앞으로 초대하여 간단한 대화를 시연합니다.

〈대화 주제: "학교에서 가장 재미있는 활동은?"〉

- 시연 후, 학생들과 함께 바람직한 대화 태도를 찾아봅니다.
  "선생님이 어떤 태도를 보였나요?"
- 바람직한 대화의 태도 예시
  ✓ 상대방의 이야기에 맞장구치기(예 "와~ 정말 재미있을 것 같아요!")
  ✓ 추가 질문하기(예 "어떤 그림을 그렸어요?")
  ✓ 공감하며 반응하기(예 "나중에 꼭 보여 주세요! 저도 기대되네요!")
  ✓ 바른 자세로 앉고 상대방을 향해 눈 마주치며 몸을 기울이기
  ✓ 따뜻한 반응하기(끄덕끄덕, 미소 짓기, 도와주기, 부드러운 목소리로 말하기)

Tip ✓ 필요시 유명인 인터뷰 영상을 함께 참고해도 좋습니다.

2 역할극 활동 – '바람직한 대화의 태도' 따라해 보기

- 친구와 짝을 지어 인터뷰 연습을 합니다.
  ① 한 명은 인터뷰 진행자, 한 명은 인터뷰 대상자가 되어 1~2분 동안 대화합니다.
  예 대화 주제: "학교에서 가장 재미있는 활동은?"
  ② 대화를 나눈 후, 친구가 잘한 점을 서로 피드백해 줍니다.
  ③ 역할을 바꿔 다시 연습하며 더 자연스럽게 대화해 봅니다.

활동2 대화의 6가지 방법 마인드맵

준비물 활동지 5-3

1 대화의 6가지 방법 소개

- 대화의 6가지 방법을 소개합니다. 선생님이 제시하신 하나의 이야기(예 "나 어제 놀이공원 갔어.")에 대해 각각 6가지 기술을 활용하여 들어갈 말을 맞춥니다.

2 대화 마인드맵 작성하기

- 활동지를 나눠 주고, 짝과 서로 나누고 싶은 이야기를 합니다. 짝의 이야기를 듣고, 자신의 활동지 가운데에 한 문장으로 적습니다.
  예 "나 어제 학원에서 혼났어."
- 더하기 기술을 활용하여 짝의 이야기와 관련된 자신의 경험이나 생각을 [더하기] 3칸에 작성합니다.

예 나 어제 놀이공원 갔어!

〈+〉	〈+〉 예시
상대방의 이야기를 듣고 나의 이야기를 공유하기 관련된 내 감정 공유하기 관련된 내 생각이나 정보 공유하기 관련된 내 경험 공유하기	와 재밌을 것 같아! 어제 주말이라 사람 많았을 텐데! 나는 8살 이후 안 간지 오래됐어.
〈?〉	**〈?〉 예시**
상대방의 이야기에 대한 질문하기 관련된 상대방의 감정 물어보기 대화 주제 관련하여 물어보기 (예시: 언제, 어디서, 무엇을, 누구와) 더 구체적인 정보 물어보기 (예시: 어떻게? 왜?)	놀이공원 가서 기분이 어땠어? 어디 놀이공원으로 갔어? 누구랑 갔어? 왜 가게 된 거야? 뭐가 제일 재밌었어?

- 질문하기 기술을 활용하여 짝의 이야기와 관련된 질문을 [물음표] 3칸에 작성합니다.
- 작성한 질문 3가지를 짝에게 직접 물어보고, 답변을 들은 후 각 답변을 [답변] 칸에 정리합니다.

3 대화 실습 및 피드백

- 다 작성한 학생 중 선정된 2명이 대화를 실습하고, 다른 학생들은 도입 시간과의 차이점을 생각하여 소감을 발표합니다.

정리 내용 정리 및 오늘의 문장 필사하기

1. 대화의 태도와 6가지 방법을 정리하고 소감을 나눕니다.
2. 활동한 내용을 기억하며 오늘의 문장을 필사합니다.
3. 대화의 태도와 6가지 방법을 일상에서 실천해 봅니다.

오늘의 문장 **나는 다른 사람의 생각과 감정을 존중하며 이야기해요.**

가정연계활동

가정통신문 자료 다운로드

6가지 대화 기술 활용하여 대화하기

1. 목표

6가지 대화 기술을 활용하여 대화를 이어 가는 방법을 배웁니다.

2. 활동 방법

1) 가족 중 한 사람을 정하여 그 사람에게 대화 기술 적용하기

예 오늘 대화의 주인공을 설정합니다. 그리고 그 사람이 꺼내는 이야기에 대해 6가지 질문을 활용하여 다른 가족구성원이 질문해 줍니다. "오늘 저는 학교에서 피구를 했어요."라고 자신의 이야기를 꺼내면, 다른 가족구성원이 6가지 대화 기술을 활용하여 대화를 이어 갑니다.

2) 대화한 소감 나누기

대화의 주인공이 꺼낸 이야기에 대해 다양한 질문과 정보를 공유받은 경험에 대해 어떤 감정과 생각이 들었는지 소감을 공유하도록 합니다. 자신의 이야기를 적극적으로 들어 주고 그와 관련된 질문을 해 주는 것은 자신이 존중받고 있고 관심과 사랑을 받고 있다고 느끼는 소중한 경험입니다. 이를 기억에 새기도록 충분히 소감을 표현할 수 있도록 도와주세요.

3) 시간이 남는다면, 한 사람 더!

대화의 주인공 이야기가 끝나고 시간이 남는다면, 한 명 더 실천해 보세요.

대화의 6가지 기술

___학년 ___반 이름:________

1. 짝의 대화 주제를 듣고, 가운데에 작성해 주세요(*대화 주제 예시: "나~했어.").
2. 〈더하기(+)〉 기술을 활용하여 **주제와 관련된 나의 이야기**를 작성해 주세요.
3. 〈질문하기(?)〉 기술을 활용하여 짝에게 물어볼 **주제와 관련된 질문**을 작성해 주세요.
4. 짝에게 직접 질문해 보고, 들은 **답변을 작성**해 주세요.

+ 주제와 관련된 내 **감정**은?

(예: ~그랬다니 나도 기대된다)

+ 주제와 관련된 내 **생각**은?

(예: 나는 수학이 어렵던데…….)

+ 주제와 관련된 내 **경험**은?

(예: 전에 나도 거기 갔던 적 있어!)

짝의 대화 주제를 듣고 작성해 주세요.

? 상대방 **감정**은?

(예: 그래서 그때 네 마음은 어땠어?)

친구의 답변

? **대화 주제** 관련하여 물어보기

(예: 언제, 어디서, 무엇을, 누구와)

친구의 답변

? 더 **구체적으로** 물어보기

(예: 어떻게? 왜? 등)

친구의 답변

3차시 부드럽게 거절하는 방법

자기인식	자기관리	관계인식	관계관리	공동체 가치 인식 및 관리	정신건강 인식 및 관리
○			○		

학습 목표

- 거절의 개념을 이해하고 거절의 필요성을 구체적으로 설명할 수 있다.
- 거절의 표현법과 거절을 받아들이는 방법을 이해하고 이를 실생활에서 실천할 수 있다.

성취 기준 2022 개정 교육과정

[4도01-04] 다른 사람의 관점을 수용할 수 있는지를 도덕적으로 검토하고 도덕규범을 내면화하여 도덕적으로 행동할 수 있는 자세를 기른다.

[4국03-03] 대상에 대한 자신의 의견과 그렇게 생각한 이유가 드러나게 글을 쓴다.

[6도02-02] 편견이 발생하는 이유를 탐색하여 해결 방안을 살펴보고, 다양성 존중을 바탕으로 다른 사람과 올바른 관계를 맺기 위한 실천 방안을 탐구한다.

수업의 흐름

도입: 거절 O/× 퀴즈 ▶ **활동1**: 거절의 이유와 표현 ▶ **활동2**: 부드럽게 거절하기 ▶ **정리**: 내용 정리 및 오늘의 문장 필사하기

평가 계획

상	거절의 필요성을 언어로 설명할 수 있고, 거절의 표현과 거절 존중 방법을 대화에 적용할 수 있다.
중	거절의 필요성을 언어로 설명할 수 있으나, 거절의 표현과 거절 존중 방법을 대화에 적용하는 데 어려움이 있다.
하	거절의 필요성을 언어로 설명하고 거절의 표현과 거절 존중 방법을 언어로 설명하는 데 어려움이 있다.

활동 순서와 방법

도입

거절 O/× 퀴즈

- 거절에 대한 ○/× 퀴즈를 하고 오늘의 수업을 소개합니다.

- "거절은 나쁜 것일까요?" (×)
- "거절하면 친구가 나를 싫어하는 걸까요?" (×)
- "좋은 친구는 거절하지 않는 친구일까요?" (×)
- "거절에도 좋은 방법과 나쁜 방법이 있을까요?" (○)

"오늘은 거절이 무엇인지, 어떤 상황에 필요한 것인지에 대해 구체적으로 배워 볼 거예요."

활동1

거절의 이유와 표현

1 거절의 의미

- 거절이란, 다른 사람의 요청을 존중하면서 나의 마음을 지키는 표현 방식임을 설명합니다.

2 거절이 필요한 다섯 가지 상황

- PPT나 사전에 준비한 상황을 보고 거절이 필요한 5가지 카테고리 중 어디에 해당하는지 맞혀 봅니다.
  - 5가지 카테고리
    ① 안전하기 위해
    ② 시간을 관리하기 위해
    ③ 나의 감정을 보호하기 위해
    ④ 나의 의견을 보호하고 존중하기 위해
    ⑤ 다른 사람에게 기회를 제공하기 위해

예 (상황) 우리 높은 곳에서 뛰어내리자! → 안전하지 않기 때문에 거절해야 합니다.

3 거절의 3단계 '나, 안다!' 설명하기

"부드럽게 거절하는 것이 중요한 이유는 무엇일까요?"

"상대방의 요청을 존중하면서 거절하려면 어떻게 말하는 것이 좋을까요?"

- 거절이 필요한 상황을 제시하고, 거절의 표현법을 설명합니다.
  - ① 친구 마음 알아주기(나도 ~한 너의 마음을 이해하지만)
  - ② 거절 표현하기(안 될 것 같아. 왜냐하면 ~ .)
  - ③ 다른 방법 생각해 보기(다음에 ~ 하자!)

    예 상황: 아이스크림을 계속 사 달라는 친구

    반응: 나도 그러고 싶지만, 안돼. 용돈이 얼마 없거든. 다음에 같이 사 먹자!

Tip ✓ 학생들에게 거절이 필요했던 상황을 떠올려 보게 하고, 거절의 3단계 '나, 안다!'를 적용하여 발표해 보도록 합니다.

활동2 부드럽게 거절하기

준비물 활동지 5–4, 5–5, 5–6, 5–7

1 활동지 배부 및 작성

- 활동지를 모둠별로 다른 내용으로 배부하고 작성하도록 안내합니다.

2 역할 분배 및 연습

- 작성한 활동지를 모둠 내에서 공유하고, 가장 잘 작성한 내용을 뽑아 발표할 수 있도록 연습해 봅니다.

3 모둠별 역할극 발표

- 모둠별 2명의 학생이 앞으로 나와 작성한 거절의 내용과 주인공에게 쓰는 편지를 발표해 봅니다.

정리

내용 정리 및 오늘의 문장 필사하기

1. 거절의 의미와 거절의 3단계를 정리하고 소감을 나눕니다.
2. 활동한 내용을 기억하며 오늘의 문장을 필사합니다.
3. 거절 표현과 존중의 표현을 일상에서 실천해 봅니다.

오늘의 문장 다른 사람의 감정을 이해하며 건강하게 거절해요.

가정통신문 자료 다운로드

우리 가족 존중의 경계선 세우기

1. 목표

가족 간 경계선 세우기

2. 활동 방법

1) 존중의 경계선

원 안에 가족에게 존중받는다고 느끼는 상황을 적어 보고, 원 밖에는 거절이 필요한 상황에 대해 작성하며 가족 간의 경계를 배웁니다.

2) 거절하고 받아들이기

거절의 3단계를 활용하여 거절 표현을 연습해 보고 이를 받아들이는 표현을 실습해 봅니다.

예 엄마의 마음은 이해하지만, 저는 매일 청소는 어려울 것 같아요. 대신, 주말에는 꼭 청소할게요. → 그래, 괜찮아. 해 보고 다음번 가족회의 때 다시 이야기해 보자.

거절은 나를 지키는 힘!

____학년 ____반 이름:__________

1. 그림을 보고 거절의 말 '나, 안다'와 거절을 받아들이는 말을 포함하여 말풍선을 완성해 주세요!

- ④번 말풍선은 다음의 세 가지 내용을 담아 작성해 주세요.

> 1) 처음 느꼈던 아쉬운 마음 2) 지은이가 왜 거절했는지 이해한 마음 3) 다음을 기약하는 마음
> 예 그래? 가야 한다니 아쉽네. 그래도 네 상황은 이해해. 다음에 같이 놀자!

2. 거절하기 어려워하는 지은이에게, 가끔은 "안 돼."라고 말하는 게 왜 중요한지 알려 주는 편지를 써 보세요.

지은아, ____________________

거절은 나를 지키는 힘!

____학년 ____반 이름:__________

1. 그림을 보고 거절의 말 '나, 안다'와 거절을 받아들이는 말을 포함하여 말풍선을 완성해 주세요!

• ④번 말풍선은 다음의 3가지 내용을 담아 작성해 주세요.

> 1) 처음 느꼈던 아쉬운 마음 2) 민수가 왜 거절했는지 이해한 마음 3) 다음을 기약하는 마음
> 예 그래? 가야 한다니 아쉽네. 그래도 네 상황은 이해해. 다음에 같이 놀자!

2. 거절하기 어려워하는 민수에게, 왜 가끔은 "안 돼."라고 말하는 게 중요한지 알려 주는 편지를 써 보세요.

민수야, ______________________________

____

____

거절은 나를 지키는 힘!

____학년 ____반 이름:__________

1. 그림을 보고 거절의 말 '나, 안다'와 거절을 받아들이는 말을 포함하여 말풍선을 완성해 주세요!

- ④번 말풍선은 다음의 3가지 내용을 담아 작성해 주세요.

1) 처음 느꼈던 아쉬운 마음 2) 성민이가 왜 거절했는지 이해한 마음 3) 다음을 기약하는 마음

예 그래? 가야 한다니 아쉽네. 그래도 네 상황은 이해해. 다음에 같이 놀자!

2. 거절하기 어려워하는 성민이에게, 왜 가끔은 "안 돼."라고 말하는 게 중요한지 알려 주는 편지를 써 보세요.

성민아, ______________________________

거절은 나를 지키는 힘!

____학년 ____반 이름:__________

1. 그림을 보고 거절의 말 '나, 안다'와 거절을 받아들이는 말을 포함하여 말풍선을 완성해 주세요!

- ④번 말풍선은 다음의 3가지 내용을 담아 작성해 주세요.

> 1) 처음 느꼈던 아쉬운 마음 2) 준수가 왜 거절했는지 이해한 마음 3) 다음을 기약하는 마음
>
> 예 그래? 가야 한다니 아쉽네. 그래도 네 상황은 이해해. 다음에 같이 놀자!

2. 거절하기 어려워하는 준수에게, 왜 가끔은 "안 돼."라고 말하는 게 중요한지 알려 주는 편지를 써 보세요.

준수야, ____________________

____

____

6

갈등을 해결해요

1차시 **올빼미라면 뭐라고 말할까?**

- 내 갈등 해결 스타일을 알아보는 재미있는 자가 진단!
- 역할극으로 배우는 현명한 갈등 해결 전략!

2차시 **비밀 레시피가 알려 주는 용서의 힘!**

- 레몬티 활동으로 알아보는 '진짜 용서'의 의미!
- 마음을 돌보고 관계를 회복하는 용서의 연습!

1차시 올빼미라면 뭐라고 말할까?

자기인식	자기관리	관계인식	관계관리	공동체 가치 인식 및 관리	정신건강 인식 및 관리
○			○	○	

학습 목표

- 갈등 해결 방법의 3가지 유형을 이해하고 바람직한 갈등 해결 방법을 설명할 수 있다.
- 자신의 갈등 해결 방법을 인식하고, 바람직한 갈등 해결 방법을 실천할 수 있다.

성취 기준 2022 개정 교육과정

[4도02-02] 친구 사이의 배려에 대한 올바른 이해를 바탕으로 일상생활에서 배려에 기반한 도덕적 관계를 맺을 수 있는 방안을 탐색한다.

[4국03-03] 대상에 대한 자신의 의견과 그렇게 생각한 이유가 드러나게 글을 쓴다.

[6국01-06] 토의에 협력적으로 참여하며 서로의 의견을 비교하고 조정한다.

수업의 흐름

도입: 갈등이란? ▶ 활동1: 나의 갈등 해결 방법은? ▶ 활동2: 올빼미라면 뭐라고 말할까? ▶ 정리: 내용 정리 및 오늘의 문장 필사하기

평가 계획

상	자신의 갈등 해결 유형을 설명할 수 있고, 바람직한 갈등 해결 방법을 이해하고 실생활에 적용할 수 있다.
중	자신의 갈등 해결 유형을 설명할 수 있지만, 바람직한 갈등 해결 방법을 언어로 설명하는 데 어려움이 있다.
하	자신의 갈등 해결 유형을 설명하는 데 어려움이 있고, 바람직한 갈등 해결 방법을 언어로 설명하는 데 어려움이 있다.

활동 순서와 방법

도입

갈등이란?

• 갈등과 관련된 질문을 나누고, 오늘의 수업을 안내합니다.

"갈등이란 무엇일까요?"
"갈등 상황에서 여러분이 가장 싫어하는 반응은 무엇인가요?"
"갈등을 해결할 때 가장 중요하게 생각하는 것은 무엇인가요?"
"오늘은 갈등 대처 방법 3가지와 바람직한 갈등 해결 방법을 배워 볼 거예요."

활동1

나의 갈등 해결 방법은?

준비물 활동지 6-1

1 3가지 갈등 해결 방법 소개

• 갈등 해결의 3가지 방법을 소개합니다.

① 소극적 유형: 거북이 유형으로, 불편한 상황을 싫어하고 자신과 다른 사람의 감정이나 생각이 다른 것을 견디기 힘들어하는 유형
② 공격적 유형: 상어 유형으로, 갈등에 대해 자신의 생각대로 강하게 밀어붙이는 유형
③ 주장적 유형: 올빼미 유형으로, 갈등을 두려워하지 않고, 바람직한 해결 방법을 찾으며 자신 있게 주장하는 유형

2 나의 갈등 해결 방법은?

• 갈등 해결 방법을 알아보는 설문지인 활동지 6-1을 제공하여 학생들이 스스로 체크할 수 있도록 안내합니다.

① 각 항목에서 나는 주로 어떻게 반응하는지 점수를 매깁니다.
[주로 그렇다(3점), 가끔 그렇다(2점), 거의 또는 절대 그렇지 않다(1점)]
② 다음 페이지로 넘겨, 앞 페이지의 점수를 옮겨 적고 각 열의 숫자를 더합니다.
어느 열의 점수가 가장 높은지 체크합니다.

Tip

✓ 2가지 유형의 점수가 똑같이 나온 경우, 스스로 생각했을 때 더 비슷한 유형을 1순위로 선정하도록 안내합니다.

✓ 유형 결과는 성장 과정에서 바뀔 수 있으며, 바람직한 갈등 해결 유형인 올빼미 유형을 배우는 수업임을 안내합니다.

활동2

'올빼미라면 뭐라고 말할까?' 역할극

준비물 갈등 상황 카드, 활동지 6-2(4가지 갈등 상황)

1 올빼미의 똑똑한 해결책: 진입해! Pick! 설명

- 선생님이 올빼미의 해결책인 '진입해! Pick!'을 설명합니다.
  - 진: 감정 진정하기(예 깊은 숨 3번, 좋아하는 동물 떠올리기)
  - 입: 각자의 입장을 생각하며 이해하기(예 "친구는 왜 화났을까?" 질문)
  - 해: 가능한 해결책 찾기(예 사과, 차례 정하기)
  - Pick!: 그중 하나를 정해 시도해 보기(예 "사과하기 실행!")

2 팀 역할 선정 및 시나리오 구상

- 모둠별로 다른 갈등 상황이 담긴 활동지를 배부합니다.
- 팀 역할을 정하고 각자 역할에 맞게 활동지 6-2에 5분간 시나리오를 구상합니다.

  〈감독, 작가, 올빼미, 배우 2~3명〉
  - 감독: 각 역할에 맞게 조정하고 시간을 체크하며 전체를 감독합니다(예 "5분 남았어!").
  - 작가: 역할에 따른 대본을 작성합니다.
  - 배우: 자신의 역할에 해당하는 말을 구상하고 감정을 연습합니다.
  - 올빼미: 〈진입해! Pick!〉을 활용하여 활동지 6-2에 적힌 갈등 상황을 해결합니다.

Tip

✓ 감정을 진정하는 방법과 바람직한 해결책을 찾는 방법을 사전에 예시로 설명합니다.

- 활동 순서

  ① 다 함께 갈등 상황을 읽고, 올빼미의 〈진입해! Pick!〉 활동지를 작성합니다.

  ② 감독과 작가는 대본을 작성하고, 배우는 자신의 역할 연기를 연습합니다.

3 모둠별 갈등 해결 역할극 발표

- 모둠에서 감독은 나와 맡은 시나리오를 읽고, 배우 역할을 맡은 학생들은 역할극으로 발표합니다.

Tip

✓ 필요하다면, 대본을 잘라 각자가 들거나 소품을 활용하여 역할극을 발표합니다.

✓ 각 역할이 갈등 해결 방법 중 무엇이었는지 질문합니다.

정리

내용 정리 및 오늘의 문장 필사하기

1. 갈등 해결 방법 3가지를 정리하고 소감을 나눕니다.
2. 활동한 내용을 기억하며 오늘의 문장을 필사합니다.
3. 바람직한 갈등 해결 방법을 일상에서 실천해 봅니다.

오늘의 문장 서로 존중하면 갈등도 잘 해결할 수 있어요.

가정통신문 자료
다운로드

갈등 해결 방법 퀴즈

1. 목표

퀴즈를 통해 3가지 갈등 해결 방법을 배웁니다.

2. 활동 방법

1) 갈등 해결 방법 퀴즈

① 짧은 시나리오 카드 중 하나를 뽑아 내용을 읽습니다.

② 뽑은 사람은 카드에 적힌 반응자의 역할에 따라 연기합니다.

③ 나머지 가족 구성원은 어떤 역할인지 맞혀 봅니다.

④ 마지막으로, 올빼미라면 어떻게 해결할지 함께 논의합니다.

2) 소감 나누기

각 3가지 해결 방법을 보면서 어떤 것이 느껴졌는지 이야기합니다.

활동지 6-1 ㉠

나의 갈등 해결 스타일은?

____학년 ____반 이름:__________

우리는 갈등에 대해 다양하게 반응합니다. 이 설문지는 여러분이 갈등에 대해 어떻게 대처하는지 알아보는 데 도움이 될 거예요. 다음 3가지 갈등 스타일 중 자신의 유형을 발견해 보세요.

 거북이 : 갈등 회피자

 올빼미: 해결 제시자

 상어: 갈등 지배자

각 항목에 대해 여러분이 보통 어떻게 반응하는지 솔직하게 체크해 보고 점수를 매기세요.

3점: 보통 또는 대부분 그렇다 / 2점: 가끔 그렇다 / 1점: 거의, 절대 그렇지 않다

	거의, 절대 그렇지 않다	가끔 그렇다	보통 대부분 그렇다
1. 나는 내 친구와 갈등이 생길 수 있는 주제를 피하곤 한다.	1	2	3
2. 나는 내 의견을 포기하지 않으며 말다툼을 하기도 한다.	1	2	3
3. 나는 갈등을 피하기 위해 내 의견을 숨긴다.	1	2	3
4. 나는 친구와의 의견 차이를 해결하려고 다른 해결책을 제안한다.	1	2	3
5. 친구가 내 입장을 받아들이도록 하기 위해 나는 내 목소리를 더 높인다.	1	2	3
6. 나는 친구에게 다양한 해결책을 제안한다.	1	2	3
7. 나는 갈등에서 내 의견대로 하기 위해 물러서지 않는다.	1	2	3
8. 나는 내 의견을 지키기보다는 물러선다.	1	2	3
9. 나는 동의하지 않을 때 차분히 다른 의견을 이야기한다.	1	2	3
10. 친구가 내 의견과 다를 때 나는 양보하지 않는다.	1	2	3
11. 나는 친구에게 동의하지 않을 때 내 감정을 숨긴다.	1	2	3
12. 나는 친구와 의견 차이에 대해 솔직하게 이야기한다.	1	2	3
13. 나는 내 뜻대로 될 때까지 포기하지 않고 계속 말한다.	1	2	3
14. 우리가 의견이 다를 때 나는 친구의 관점을 듣는다.	1	2	3
15. 우리가 갈등이 생겼을 때, 나는 친구를 피한다.	1	2	3

나의 갈등 해결 스타일은?

___학년 ___반 이름:__________

각 질문에 대한 여러분의 답변 점수를 적고, 각 열의 숫자를 더하세요.
각 열은 갈등에 대한 특정 대처 방식을 의미합니다.
어느 열의 점수가 가장 높은지 확인하고 나의 갈등 해결 스타일을 찾아보세요.

거북이 : 갈등 회피자

1번 점수	______점
3번 점수	______점
8번 점수	______점
11번 점수	______점
15번 점수	______점
합계	총 ______점

올빼미: 해결 제시자

4번 점수	______점
6번 점수	______점
9번 점수	______점
12번 점수	______점
14번 점수	______점
합계	총 ______점

상어: 갈등 지배자

2번 점수	______점
5번 점수	______점
7번 점수	______점
10번 점수	______점
13번 점수	______점
합계	총 ______점

2가지 유형의 점수가 똑같이 나온 경우, 스스로 생각했을 때 더 비슷한 유형을 1순위로 선정합니다.

나의 갈등 해결 유형은 무엇인가요?

1순위: ______________

2순위: ______________

3순위: ______________

활동지 6-2 ⓘ

올빼미라면 뭐라고 했을까? 역할극

____학년 ____반 이름:__________

민영이와 지수는 함께 발표할 때 부를 노래를 고르고 있습니다.
그런데 각자 좋아하는 노래가 달라서 쉽게 결정하지 못했고, 서로 자기 의견을 주장하다 보니 갈등이 생기게 되었습니다. 이 상황에는 두 명의 친구가 등장합니다.

- 거북이 역할의 지수는, 친구의 말을 듣고 자신이 하고 싶은 것을 참습니다.
- 상어 역할의 민영이는, 자신의 생각을 강하게 주장하며 화를 내기도 합니다.

- **감독 역할:** __________ : 역할극을 잘 완성할 수 있도록 관리합니다. 앞 흰색 박스의 내용을 읽습니다.
- **작가 역할:** __________ : 다음 역할극 대본을 작성합니다.
- **배우 역할: (올빼미)** __________ **/ (민영)** __________ **/ (지수)** __________
  : 자신의 역할에 해당하는 대본에 들어갈 말을 작가와 함께 상의합니다.
  역할극 발표 시 나와서 역할을 연기합니다.

1. 첫 번째 장면: 갈등 상황을 보여 준다.

지수: 이거 우리가 제일 좋아하는 노래잖아! 같이 추자!

민영: 쪽팔리게 왜 그래! 다들 우리를 보고 웃을걸?

2. 두 번째 장면: 진! 올빼미가 두 친구의 감정을 진정시킨다.

올빼미: 얘들아 잠깐! 먼저 진정해 볼까? (   )는 __________ 하고,
(   )는 __________ 해 보도록 해!

3. 세 번째 장면: 입! 진정된 두 친구에게 각각 원하는 것이 무엇인지 물어보고 두 친구들은 대답한다.

올빼미: 그래서 좀 진정이 됐어? 너희가 원하는 것이 뭔지 차분히 생각해 볼래?

민영: __________

지수: __________

4. 네 번째 장면: 해! Pick! 올빼미는 가장 바람직한 해결책을 골라 제시한다. 두 친구는 이를 실천한다.

올빼미: 두 사람 의견을 생각했을 때 해결책을 찾아보면, 앞으로 __________
__________ **하면 되겠다!**

민영: 그래. __________

지수: __________

올빼미라면 뭐라고 했을까? 역할극

지현이와 민성이는 학교 역사 프로젝트를 함께 준비하게 되었습니다.
그런데 프로젝트를 진행하는 과정에서, 민성이는 지현이의 의견을 잘 듣지 않고 혼자서 모든 결정을 내리려고 했습니다. 이 때문에 지현이는 마음이 속상하고, 두 친구 사이에 갈등이 생겼습니다.
이 상황에는 두 명의 친구가 등장합니다.

- 상어 역할의 민성이는 자신의 의견말을 고집하며 상대방의 생각을 무시하는 모습을 보입니다.
- 거북이 역할의 지현이는 속상한 마음이 있지만 자신의 의견을 표현하지 못하고 참고 넘기려 합니다.

- **감독 역할:** ____________ : 역할극을 잘 완성할 수 있도록 관리합니다. 앞 흰색 박스의 내용을 읽습니다.
- **작가 역할:** ____________ : 다음 역할극 대본을 작성합니다.
- **배우 역할: (올빼미)** ____________ **/ (민성)** ____________ **/ (지현)** ____________
  : 자신의 역할에 해당하는 대본에 들어갈 말을 작가와 함께 상의합니다.
  역할극 발표 시, 나와서 역할을 연기합니다.

1. 첫 번째 장면: 갈등 상황을 보여 준다.

민성: 발표는 내가 할 거야. 그냥 너는 자료 조사해서 내가 보고 읽을 수 있게 해!

지현: 아……. 알겠어(혼잣말로 작게 "나도 발표해 보고 싶은데…….").

2. 두 번째 장면: 진! 올빼미가 두 친구의 감정을 진정시킨다.

올빼미: 얘들아 잠깐! 서로 소통이 잘 안 되는 것 같은데 진정해 봐~ (   )는 ____________________ 하고, (   )는 ____________________ 해 보도록 해!

3. 세 번째 장면: 입! 진정된 두 친구에게 각각 원하는 것이 무엇인지 물어보고 두 친구는 대답한다.

올빼미: 그래서 좀 진정이 됐어? 너희가 원하는 것이 뭔지 차분히 생각해 볼래?

민성: ____

지현: ____

4. 네 번째 장면: 해! Pick! 올빼미는 가장 바람직한 해결책을 골라 제시한다. 두 친구는 이를 실천한다.

올빼미: 두 사람 의견을 생각했을 때 해결책을 찾아보면, 앞으로 ____________________ ____ 하면 되겠다!

민성: 그래. ____

지현: ____

올빼미라면 뭐라고 했을까? 역할극

하율이와 시우는 가장 친한 친구였습니다.
그런데 최근 시우가 새로운 친구와 더 많은 시간을 보내면서, 하율이는 외롭고 소외감을 느끼게 되었습니다. 시우도 하율이의 마음을 알고 있었지만, 미안한 마음에 어떻게 다가가야 할지 몰라서 점점 멀어지게 되었습니다. 이로 인해 두 친구 사이에 서운함과 어색함이 생겼습니다.
이 상황에는 두 명의 친구가 등장합니다.

- 거북이 역할의 하율이는 서운한 마음을 느끼지만 솔직하게 표현하지 못하고 참고 넘기려 합니다.
- 거북이 역할의 시우는 미안한 마음은 있지만 먼저 다가가지 못하고 조심스러워하는 모습을 보입니다.

- **감독 역할:** ____________ : 역할극을 잘 완성할 수 있도록 관리합니다. 앞 흰색 박스의 내용을 읽습니다.
- **작가 역할:** ____________ : 다음 역할극 대본을 작성합니다.
- **배우 역할: (올빼미)** ____________ / (하율) ____________ / (시우) ____________
  : 자신의 역할에 해당하는 대본에 들어갈 말을 작가와 함께 상의합니다.
  역할극 발표 시, 나와서 역할을 연기합니다.

1. 첫 번째 장면: 갈등 상황을 보여 준다.

하율: (소심하게) 시우야, 오늘 학교 끝나고 뭐해?

시우: 아, 그냥……. 나 지후랑 화장실 가기로 해서 미안……. 내일 보자.

2. 두 번째 장면: 진! 올빼미가 두 친구의 감정을 진정시킨다.

올빼미: 얘들아 잠깐! 서로 오해가 있는 것 같아서 도와줄게. 일단 (   )는
____________ 하고, (   )는 ____________ 해 보도록 해!

3. 세 번째 장면: 입! 진정된 두 친구에게 각각 원하는 것이 무엇인지 물어보고 두 친구는 대답한다.

올빼미: 그래서 좀 진정이 됐어? 너희가 원하는 것이 뭔지 차분히 생각해 볼래?

하율: ____________

시우: ____________

4. 네 번째 장면: 해! Pick! 올빼미는 가장 바람직한 해결책을 골라 제시한다. 두 친구는 이를 실천한다.

올빼미: 두 사람 의견을 생각했을 때 해결책을 찾아보면, 앞으로 ____________
____________ 하면 되겠다!

하율: 그래. ____________

시우: ____________

올빼미라면 뭐라고 했을까? 역할극

이수와 도진이는 체육을 무척이나 좋아합니다. 체육시간에 피구를 하는데, 이수가 도진이를 실수로 세게 맞혔어요. 이수는 도진이에게 장난치며 넘어가려고 했지만, 도진이는 화가 나서 어깨를 밀쳤어요. 사실, 이수는 도진이에게 미안한 마음이 있었지만, 도진이가 어깨를 밀치자 이수도 화가 나기 시작합니다. 이 상황에는 두 명의 친구가 등장합니다.

- 상어 역할의 이수는 자기 감정을 있는 그대로 표현하지 못하고 상대방을 놀리는 식으로 표현합니다.
- 상어 역할의 도진이는 감정을 조절하지 못하고 기분이 나쁠 때 행동으로 표현합니다.

- **감독 역할:** ____________ : 역할극을 잘 완성할 수 있도록 관리합니다. 앞 흰색 박스의 내용을 읽습니다.
- **작가 역할:** ____________ : 다음 역할극 대본을 작성합니다.
- **배우 역할: (올빼미)** ____________ **/ (이수)** ____________ **/ (도진)** ____________
  : 자신의 역할에 해당하는 대본에 들어갈 말을 작가와 함께 상의합니다.
  역할극 발표 시, 나와서 역할을 연기합니다.

1. 첫 번째 장면: 갈등 상황을 보여 준다.

이수: 야, 도진! 그것도 못 피하냐!

도진: 너는 사과도 모르냐! (어깨를 밀친다.)

2. 두 번째 장면: 진! 올빼미가 두 친구의 감정을 진정시킨다.

올빼미: 얘들아 잠깐! 먼저 진정해 볼까? (   )는 ____________________ 하고,
(   )는 ____________________ 해 보도록 해!

3. 세 번째 장면: 입! 진정된 두 친구에게 각각 원하는 것이 무엇인지 물어보고 두 친구는 대답한다.

올빼미: 그래서 좀 진정이 됐어? 너희가 원하는 것이 뭔지 차분히 생각해 볼래?

이수: ____________________

도진: ____________________

4. 네 번째 장면: 해! Pick! 올빼미는 가장 바람직한 해결책을 골라 제시한다. 두 친구는 이를 실천한다.

올빼미: 두 사람 의견을 생각했을 때 해결책을 찾아보면, 앞으로 ____________________
____________________ 하면 되겠다!

이수: 그래. ____________________

도진: ____________________

2차시 비밀 레시피가 알려 주는 용서의 힘

자기인식	자기관리	관계인식	관계관리	공동체 가치 인식 및 관리	정신건강 인식 및 관리
	○		○	○	

학습 목표

- 용서의 개념과 특징을 이해하고 이를 언어로 설명할 수 있다.
- 용서의 방법을 이해하고 이를 실생활에서 실천할 수 있다.

성취 기준 2022 개정 교육과정

[4도01-04] 다른 사람의 관점을 수용할 수 있는지를 도덕적으로 검토하고 도덕규범을 내면화하여 도덕적으로 행동할 수 있는 자세를 기른다.

[6국03-03] 체험한 일에 대한 감상을 나타내는 글을 쓴다.

[6국02-04] 문제 상황과 관련된 다양한 관점의 글을 읽고 이를 문제 해결에 활용한다.

수업의 흐름

도입 이야기로 흥미 유발하기 ▶ **활동1** 용서 ○/× 퀴즈 ▶ **활동2** 나만의 비밀 레시피북 만들기 ▶ **활동3** 레몬티 만들기 ▶ **정리** 내용 정리 및 오늘의 문장 필사하기

평가 계획

상	용서의 개념과 특징을 언어로 설명할 수 있고, 용서를 실생활에서 실천할 수 있다.
중	용서의 개념과 특징을 언어로 설명할 수 있지만, 용서를 실생활에서 실천하는 데 어려움이 있다.
하	용서의 개념과 특징을 언어로 설명하는 데 어려움이 있고, 용서를 실생활에서 실천하는 데 어려움이 있다.

활동 순서와 방법

도입

이야기로 흥미 유발하기

1 이야기 들려주기

- 책날개 QR코드에 들어간 PPT로 이야기 '마음이 가벼워지는 비밀 레시피'를 들려줍니다.

주인공 민호는 친구 준서가 아무 말 없이 축구팀을 옮긴 일로 속상하고 화가 납니다. 준서를 미워하며 마음을 닫지만, 그날 밤부터 몸이 무겁고 기분이 좋지 않습니다. 그런 민호를 본 할머니는 '마음이 가벼워지는 비밀 레시피'를 알려 줍니다. 민호는 비밀 레시피를 따라가며 준서와 솔직한 대화를 나누고, 오해가 풀리자 마음이 한결 가벼워졌다는 걸 깨닫게 됩니다.

2 질문을 통해 의견을 나누고 오늘의 수업 안내하기

- "주인공은 왜 마음이 무거웠을까요?"
- "여러분도 친구를 미워했던 적이 있나요? 그때 여러분의 마음은 어땠나요?"
- "오늘 우리는 내 마음이 가벼워지는 비밀 레시피를 만들어 볼 거예요!"

마음이 가벼워지는 비밀 레시피

민호는 요즘 속이 답답하고 머리가 무거웠어요.
친구 준서가 자기를 빼고 다른 친구들과 축구팀을 만들었거든요.
"나랑 같이 하기로 했잖아!"
민호는 준서가 미웠고, 다시는 말도 섞지 않겠다고 결심했어요.

그날 밤, 온몸이 찌뿌둥하고 머리가 지끈거렸어요.
소파에 축 처져 있는 민호를 본 할머니가 물었어요.
"무슨 일 있니?"
민호는 한숨을 쉬었어요.
"준서 때문에 화가 나요. 그런데…… 자꾸 그 생각이 나요. 나랑 같이 하기로 해 놓고, 한마디도 안 했잖아."

할머니는 따뜻한 차를 내오며 말했어요.
"그럼, 마음이 가벼워지는 비밀 레시피를 만들어 볼래?"

할머니는 컵에 레몬즙을 짜며 말했어요.
"속상한 감정은 이렇게 시큼할 때가 있어."

그다음, 꿀을 한 스푼 넣으며 말했어요.
"하지만 혹시 준서가 그런 이유가 있을 수도 있지 않을까?"

마지막으로, 따뜻한 물을 부으며 말했어요.

“이제 준서의 좋은 점을 하나 찾아볼까?”

민호는 컵을 바라보며 중얼거렸어요.

“준서는 나랑 축구할 때 정말 즐거워했어. 혹시 미안했는데 말을 못 한 걸까?”

다음 날, 민호는 준서에게 다가갔어요.

“어제 네가 다른 축구팀으로 옮겼다고 해서 속상했어.”

준서는 깜짝 놀라며 말했어요.

“사실은 나도 너랑 같이 하고 싶었어. 그런데 학원 스케줄이 바뀌어서 어쩔 수 없었어. 미리 말 못 해서 정말 미안해.”

그 순간, 민호의 머리가 한결 가벼워졌어요.

"비밀 레시피 덕분이야!"

할머니는 따뜻하게 웃으며 말했어요.

"그래, 네가 만든 이 레시피가 바로 '용서하는 마음'이란다. 용서는 상대를 위한 게 아니라, 네 마음을 가볍게 해 주는 거란다."

활동1

용서 O/× 퀴즈

• ○/× 퀴즈로 용서에 대한 생각을 점검하고, 진정한 용서의 의미를 알아봅니다.

예 "상대방이 먼저 사과해야만 용서할 수 있다." (×)

→ "용서는 상대방이 사과하지 않아도, 내가 선택할 수 있어요."

"다른 사람이 용서하라고 하면 꼭 해야 한다." (×)

→ "용서는 남이 강요해서 하는 게 아니라, 내가 용서할 준비가 되었을 때 할 수 있어요."

"상대방이 용서해 주지 않아도, 나는 용서를 선택할 수 있다." (○)

→ "용서는 상대방이 어떻게 하든, 내가 내 마음을 위해 선택하는 거예요."

"용서하면 반드시 화해해야 한다." (×)

→ "용서는 내 마음을 위한 것이고, 꼭 친구와 다시 가까워져야 하는 것은 아니에요."

"용서는 내 마음을 위해 하는 것이다." (○)

→ "용서를 하면 내 마음이 더 편안해지고, 기분이 가벼워질 수 있어요."

활동2

나만의 비밀 레시피북 만들기

준비물 활동지 6-4, 색연필

1 활동지 구성 설명 및 표지 꾸미기

- 활동지 6-4에는 컵 모양 그림이 크게 그려져 있고, 그 안에 레몬즙, 꿀, 따뜻한 물을 넣는 공간이 있습니다. 각 칸에 맞게 내용을 채워 넣으면 됩니다.

  예 "이제 여러분만의 비밀 레시피북을 만들어 볼 거예요!"

2 컵에 내용 적기

- 나만의 비밀 레시피 만들기!
  - 컵 그림 안에 다음 세 가지 요소를 넣고, 각각 해당하는 내용을 적습니다.
- 1단계: 속상한 감정 넣기
  - 적어 보기: 속상했던 나의 감정은 무엇이었는지 떠올리고 적습니다.

    예 친구와 다퉜을 때, 시험을 망쳤을 때 등
- 2단계: 다르게 바라보기
  - 적어 보기: 한 걸음 떨어져서 나와 상대방의 입장을 바꿔서 생각해 봅니다.

    예 "친구도 힘든 일이 있었을지 몰라." "내가 너무 예민했던 것일 수도 있어."
- 3단계: 좋은 점 찾아보기
  - 적어 보기: 상대방의 좋은 점을 하나 찾아 적습니다.

    예 "준서는 나를 도와준 적이 있어." "그 친구는 착한 면이 많아."

3 완성된 활동지 공유하기

- 친구들과 "내 비밀 레시피북은 이런 모습이에요!"라고 소개해 보기
- 서로 만든 레시피북을 보며 다양한 감정과 해결 방법을 나누기

나만의 비밀 레시피 만들기!

- 컵 그림 안을 세 칸으로 나누고, 다음 세 가지 요소에 해당하는 내용을 적습니다.

1단계: 속상한 감정 넣기

- 속상했던 나의 감정은 무엇이었는지 떠올리고 적어 보기

예 친구와 다퉜을 때, 시험을 망쳤을 때 등

2단계: 다르게 바라보기

- 한걸음 떨어져서 나와 상대방의 입장을 바꿔서 생각해 봅니다.

예 "친구도 힘든 일이 있었을지 몰라." "내가 너무 예민했던 것일 수도 있어."

3단계: 좋은 점 찾아보기

- 상대방의 좋은 점을 찾아 적어 보기

예 "준서는 나를 도와준 적이 있어." "그 친구는 착한 면이 많아."

나만의 비밀 레시피 완성!

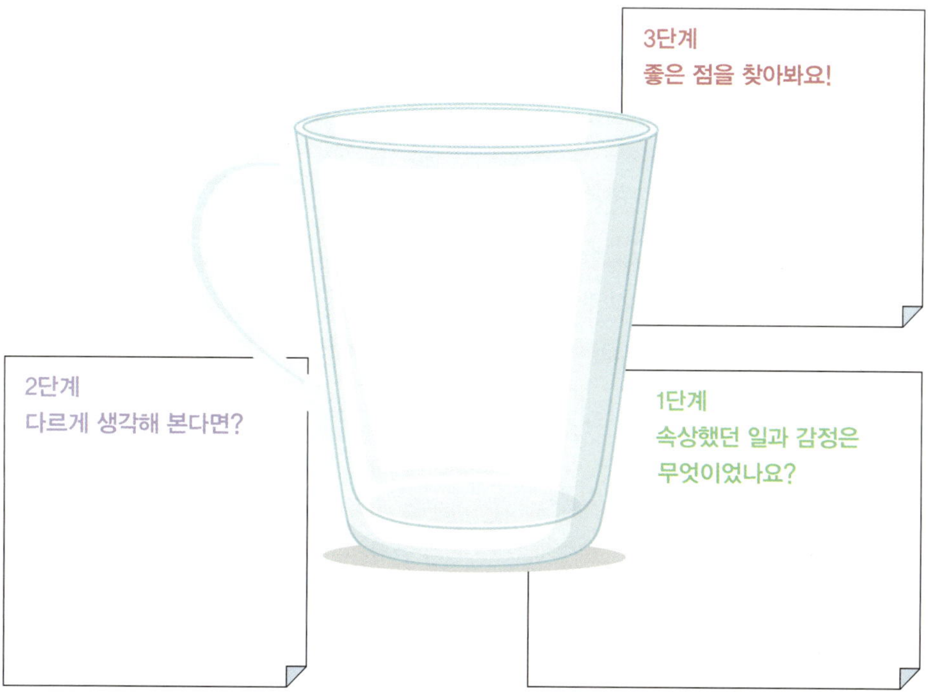

활동3

레몬티 만들기

준비물 종이컵, 따뜻한 물, 레몬즙, 꿀, 숟가락

1 다함께 레몬꿀차 만들어 보기

- 학생들은 선생님의 안내에 따라 레몬즙(속상한 감정) → 꿀(다르게 바라보기) → 따뜻한 물(좋은 점 찾기)을 차례로 넣으며, 감정이 변화하는 과정을 체험합니다.
- 앞서 만든 비밀 레시피북을 떠올리며, 이번에는 직접 차를 만들어 보며 감정 변화를 느껴 봅니다.

♥ 1단계: 속상한 감정 인정하기 → 레몬즙 추가하기

♥ 2단계: 다르게 바라보기 → 꿀 추가하기

♥ 3단계: 친구의 좋은 점 찾기 → 따뜻한 물 붓기 & 저어 보기

Tip

✓ 마음이 편안해지는 '레몬티' 음원을 틀고 함께 감상하며 활동할 수 있습니다.
URL 주소: https://www.youtube.com/watch?v=REmPc6b7NF4&list=LL&index=5

① 속상한 감정 표현하기 - 레몬즙 추가

- "여러분, 레몬을 한번 맛 볼까요? 어떤 맛이 나나요?"
- (학생들이 '시어요!'라고 반응) → "맞아요, 속상한 감정도 이처럼 시고, 입맛이 쓰기도 해요."
- 레몬즙을 컵에 넣으며 설명: "속상한 일이 생겼을 때, 우리 마음도 이렇게 시큼할 수 있어요."

② 다르게 바라보기 - 꿀 추가

- "그런데, 여기에 꿀을 넣으면 맛이 어떻게 변할까요?"
- (학생들: '달콤해져요!') → "맞아요, 속상한 감정을 다르게 바라보면 생각이 조금 부드러워질 수 있어요."
- 꿀을 컵에 넣으며 설명: "다른 입장에서 생각해 보면, 내 감정이 조금씩 달라질 수도 있어요."

③ 좋은 점 찾기 - 따뜻한 물 추가

- "이제 따뜻한 물을 부어 볼까요? 어떤 변화가 생기나요?"
- (학생들: '더 부드러워져요! 따뜻해져요!')
- 따뜻한 물을 부으며 설명: "상대방의 좋은 점을 찾아보면, 내 마음도 따뜻해지고 부드러워질 수 있어요."

④ 숟가락으로 저으며 정리하기

- "속상한 감정, 다르게 바라보기, 좋은 점 찾기가 모두 섞이면 어떻게 될까요?"
- "우리 마음도 이렇게 부드러워지고, 가벼워질 수 있어요!

2 직접 마셔 보며 느낌 나누기

- "처음에는 레몬의 신맛이 강했지만, 지금은 어때요?"
- "여러분도 처음에는 속상했지만, 이 차처럼 마음이 조금 부드러워진 적이 있나요?"

정리

내용 정리 및 오늘의 문장 필사하기

1. 용서의 의미를 정리하고 소감을 나눕니다.
2. 활동한 내용을 기억하며 오늘의 문장을 필사합니다.
3. 용서의 방법을 일상에서 실천해 봅니다.

오늘의 문장 **나는 나를 위해 용서하는 힘을 키워요.**

가정통신문 자료 다운로드

용서 실천하기

1. 목표

함께 '마음이 가벼워지는 비밀 레시피' 이야기를 읽고 각자만의 용서 레시피를 공유하며 용서의 경험을 나눠 봅니다.

2. 활동 방법

1) '마음이 가벼워지는 비밀 레시피' 이야기 읽기

가족 구성원 중 한명이 이 이야기를 읽어 주고 소감을 나눕니다.

2) 나의 경험 나눠 보기

상대방을 용서한 뒤 마음이 편해졌던 경험을 떠올려서 함께 나눠 봅니다.

나만의 비밀 레시피북 만들기

___학년 ___반 이름:__________

컵 그림을 세 칸으로 나누고, 다음 세 가지 요소에 해당하는 내용을 컵 안에 그림으로 그려 봅니다. 최근 속상했던 일을 떠올려 보고 각 단계 네모 박스 안에 작성합니다.

1단계: 속상한 감정 넣기

- 속상했던 나의 감정은 무엇이었는지 떠올리고 적어 보기
  예 친구와 다퉜을 때 답답했다, 친구가 약속을 지키지 않았을 때 속상했다 등

2단계: 다르게 바라보기

- 한걸음 떨어져서 나와 상대방의 입장을 바꿔서 생각해 봅니다.
  예 "친구도 힘든 일이 있었을지 몰라." "내가 너무 예민했던 것일 수도 있어."

3단계: 좋은 점 찾아보기

- 상대방의 좋은 점을 찾아 적어 보기
  예 "준서는 나를 도와준 적이 있어." "그 친구는 착한 면이 많아."

3단계
좋은 점을 찾아봐요!

2단계
다르게 생각해 본다면?

1단계
속상했던 일과 감정은 무엇이었나요?

부록

부록 1. 사회정서역량을 키우는 교사의 언어

부록 2. 교실 속 작은 갈등을 해결하는 미니 활동지

부록 3. 사회정서교육 프로그램, 이렇게 효과가 나타났어요!

부록 1

사회정서역량을 키우는 교사의 언어

제가 10년 넘게 상담교사로 근무하며 알게 된 사실이 하나 있습니다. 아이들은, 자신을 진심으로 바라봐 주는 단 한 명의 선생님만 있어도 마음을 열고 삶을 살아갈 힘을 얻는다는 사실입니다. 그리고 그런 관계의 중심에는 언제나 선생님의 말 한마디가 있습니다. 아이가 감정을 돌아보게 하고, 친구의 마음을 헤아리게 하며, 갈등을 넘어 성장하게 돕는 것, 그 시작은 바로 교실에서 선생님이 매일 건네는 말 한마디입니다.

그래서 아이들의 사회정서역량을 키워 가는 과정에서 '어떤 수업을 하느냐' 못지않게 중요한 것은 '어떤 말을 건네느냐'입니다. 감정을 알아차릴 수 있도록 도와주는 질문, 친구의 마음까지 생각하게 돕는 말, 갈등을 관계로 회복시켜 주는 선생님의 한마디는 아이의 마음을 열고 사회정서교육이 교실 안에서 살아 숨 쉬게 합니다.

이 부록에서는 전 세계에서 가장 널리 쓰이는 다섯 가지 사회정서역량을 바탕으로, 아이의 감정과 관계, 선택을 도와주는 선생님의 언어 표현을 소개하고자 합니다.

1. 자기인식역량

자기인식이란, 지금 내가 어떤 마음인지, 어떤 생각을 하고 있는지를 스스로 알아차리는 능력입니다. 내 감정과 생각을 들여다보는 이 과정은 자신을 이해하고 성찰하는 힘의 시작점이 됩니다. 하지만 초등학생들에게 '내 마음'을 생각하고 말로 표현하는 건 결코 쉬운 일이 아닙니다. 아직 감정을 설명할 만큼 언어가 충분히 자라지 않았고, 보이지 않는 마음을 말로 붙잡는 것도 아이들에겐 익숙하지 않기 때문입니다. 그래서 이럴 때는 답을 정해 주는 것이 아니라 아이가 스스로 '내 마음'을 들여다보도록 이끄는 말이 필요합니다.

생각을 키우는 질문 던지기

"그렇게 하면 돼, 안 돼?"처럼 정답이 있는 질문은 교실에서 빠른 지시나 통제에는 효과적일 수 있습니다. 하지만 아이들이 자신의 감정과 생각을 스스로 들여다보는 힘, 즉 자기 성찰과 자기 인식 능력을 키우는 데에는 도움이 되지 않습니다. 이럴 땐 정답을 말하는 대신, 아이들이 스스로 마음을 탐색할 수 있도록 도와주는 열린 질문이 필요합니다.

예 "지금 너는 어떤 마음일까?"
"그때 네가 진짜 바랐던 건 뭐였을까?"
"오늘 하루 중 가장 기분 좋았던 순간은 언제였어?"
"네 마음이 하고 싶은 말이 있다면 뭐라고 말할 것 같아?"
"지금 내 몸이 어떻게 느껴져? 가슴이 답답해? 얼굴이 뜨거워? 심장이 쿵쾅거리는 것 같아?"

은유적 표현 사용하기

초등학생에서 중학생 아이들에게는 '내 마음이 어떤지' 말로 설명하는 것 자체가 어려울 수 있습니다. 마음은 눈에 보이지 않는 추상적인 개념인데, 이것을 구체적인 언어로 표현하려는 것이 익숙하지 않기 때문입니다. 그럴 때는 마음을 직접 묻기보다는 색깔, 날씨, 모양, 촉감 등 감각적인 비유를 사용해 보세요. 아이들은 눈에 보이는 이미지를 통해 자신의 마음을 더 잘 알아차릴 수 있습니다.

예 "마음에도 날씨가 있다면, 지금 내 마음은 어떤 날씨일까?"
"네 마음을 색깔로 칠하면 어떤 색이 어울릴까?"
"지금 마음이 어떤 모양 같아? 뾰족뾰족해? 동글동글해?"
"지금 마음은 딱딱한 돌 같아? 말랑말랑한 젤리 같아?"

2. 자기조절역량

자기조절이란 자신의 감정이나 행동을 알아차리고, 그 감정을 스스로 다스릴 수 있는 힘을 의미합니다. 아이들이 화가 난 마음을 스스로 조절할 수 있다면 얼마나 좋을까요? 하지만 행동을 조절하고, 계획하고, 멈췄다 다시 시작하는 역할을 하는 전두엽(뇌의 앞부분에 위치한 조절 기능을 담당하는 영역)은 청소년기에 걸쳐 서서히 발달합니다. 이 시기에는 충동적이고 감정이 앞서기 때문에 선생님의 말 한마디가 큰 영향을 미칠 수 있습니다. 그래서 이럴 때는 아이의 감정을 억누르거나 다그치는 말보다는 '감정을 조절하는 방법'을 함께 연습하는 말이 필요합니다.

몸으로 감정 조절하는 방법 알려 주기

감정은 몸으로도 드러납니다. 긴장되면 어깨가 올라가고, 화가 나면 손에 힘이 들어가죠. 감정이 격해지면 얕은 호흡을 빠르게 하면서 교감신경이 활성화되기도 합니다. 이럴 땐 숨을 크게 쉬어 보는 복식호흡을 통해 부교감신경을 자극하거나, 나비 포옹처럼 스스로 몸을 안아 주는 방법으로 신체의 긴장을 이완시키는 전략을 알려 주는 것이 좋습니다.

예 "선생님도 화가 나서 마음이 뾰족해질 때가 있어. 그럴 땐 잠깐 혼자 숨 쉬는 시간을 가져. 우리 숨 한번 크게 쉬고 다시 해 볼까?"
"두 팔을 나비처럼 안아 볼래? 내 마음을 따뜻하게 안아 주는 방법이야."

기다려 주는 태도 가지기

아이들의 감정이 격양되었을 때는, 잠시 시간을 주는 것이 필요합니다. 빨간불이 켜졌을 때 초록불이 켜질 때까지 기다리는 것처럼, 아이들의 두뇌에도 '멈춤-회복'의 시간이 필요해요. 이때 "왜 그러는 거야?"라고 다그치기보다, 아이에게 "네 마음을 들어줄 사람이 여기에 있다."라는 메시지를 전해 주세요. 이러한 선생님의 한마디는 아이들에게 심리적 안전감을 제공해 줍니다.

예 "마음이 너무 복잡하면 잠깐 쉬어 가도 돼. 감정도 숨 쉴 시간이 필요하거든."
"지금은 말 안 해도 괜찮아. 대신, 오늘 집에 가기 전에는 네 속마음을 얘기해 줄래?"
"선생님이 지금 네 마음 이야기를 들어주고 싶은데, 수업 시간이라 그럴 수가 없어. 대신, 우리 학교 끝나고 다시 얘기해 보자. 선생님은 네 이야기를 꼭 듣고 싶어."

감정을 말로 표현하는 방법 가르쳐 주기

감정이 올라오면 아이들의 뇌에서는 감정 뇌(편도체)가 먼저 반응하고, 이성 뇌(전두엽)는 잠깐 쉬게 되는 현상이 벌어집니다. 그래서 아이들은 본능적으로 자신을 보호하기 위해 말보다 행동이 먼저 튀어나올 수 있어요. 이럴 때는 "화를 내지 마."가 아니라, '화를 표현하는 연습'을 함께 해 보는 것이 중요합니다. "화났을 땐 이렇게 말해도 돼."라고 알려 주고, 아이 스스로 감정을 말로 바꾸는 훈련을 반복하면 조절력은 물론, 친구와의 관계도 건강하게 자라납니다.

예 "화났을 땐 이렇게 말해 볼 수도 있어. '나 지금 속상해.'"
"이럴 때는 '너 때문이야!' 말고 '나는 사실 그 말을 들어 속상했어.'라고 한번 말해 볼까?"
"너의 마음을 어떻게 말로 표현하면 좋을까? '속상했어' '화났어', 아니면 또 다른 말이 있을까?"

3. 사회적 인식역량

사회적 인식이란, 다른 사람의 감정과 입장을 이해하고, 상대방의 시선에서 상황을 바라볼 수 있는 능력을 말합니다. 이 능력은 공감, 배려, 다양성에 대한 이해로 이어지며, 친구들과 건강한 관계를 맺는 데 중요한 토대가 됩니다. 하지만 초등학생은 아직 자기중심적 사고에서 조금씩 벗어나고 있는 중이기 때문에, 친구들의 감정을 완전히 이해하거나, 다름을 자연스럽게 받아들이는 데 서툴 수 있습니다. 이럴 때는 '그 친구는 어떤 마음이었을까?' '너였다면 어땠을 것 같아?'와 같은 질문으로 아이의 시선을 나에서 너 그리고 우리로 넓힐 수 있도록 도와주세요.

다른 사람의 마음을 상상하게 도와주기

아이들은 자기 관점으로 세상을 바라보는 데는 익숙하지만, 다른 사람의 입장에서 생각해 볼 수 있도록 이끄는 교사의 따뜻한 질문이 필요합니다.

예 "그 말을 들은 ○○는 어떤 기분이었을까?"
"혹시 그 친구가 그렇게 행동한 다른 이유가 있었을까? 내가 모르고 있는 일은 무엇인지 생각해 보자."
"그 상황에서 네가 ○○ 입장이었다면 어땠을까?"
"다른 친구가 이걸 보고 있었다면, 무슨 일처럼 보였을까?"

공감을 직접 보여 주기

아이들에게 공감이라는 단어는 익숙하지만, 정작 실천으로 옮기는 것은 어려워하는 경우가 많습니다. 그래서 선생님이 말로 공감의 모델을 보여 주는 건 아이들이 '따뜻한 말'을 익히는 훌륭한 기회가 됩니다. "그럴 수도 있었겠다." "나도 그랬을 것 같아."처럼 친구들의 마음에 조용히 다가가는 말 한마디를 아이들에게 먼저 보여 주세요.

예 "그 말 듣고 ○○도 많이 놀랐겠구나."
"네가 그런 말을 들었다면 마음이 아팠을 것 같아."
"그럴 수도 있었겠다. 선생님이라도 그런 생각이 들었을 것 같아."

4. 관계기술역량

관계기술이란, 서로의 다름을 인정하며 소통하고, 협력하며, 갈등을 조율해 친구 관계를 건강하게 유지하는 능력을 말합니다. 즉, 관계기술 역량은 단순히 '싸우지 않게 하는 기술'이 아니라, 다른 사람과 더불어 살아가는 데 필요한 기본 태도와 말하기 습관을 길러 주는 과정이라고 볼 수 있습니다. 하지만 자신의 감정을 올바로 표현하는 것이 미숙한 아이들은 자신의 입장만 강하게 주장하거나 친구의 실수에 너그럽게 대응하기 어려운 경우도 많습니다. 이럴 때 선생님이 알려 주시는 표현 한마디는 아이들에게 관계 맺는 법을 보여 주는 살아 있는 교과서가 됩니다.

다름을 표현하고 조율하는 말 알려 주기

교실 속 아이들을 가만히 살펴보면, 사건 자체보다는 "너 왜 그래!" "그것밖에 못 하냐?"처럼 감정을 담은 직선적인 말로 인해 다툼이 커지는 경우가 많습니다. 이런 말은 상황을 해결하기보다는 서로의 감정을 더 자극해서 갈등을 키우게 됩니다. 이럴 때는 감정을 해치지 않으면서도 자기 생각을 분명히 말할 수 있는 표현을 알려 주는 것이 중요해요. 관계를 지키면서도 의견을 전할 수 있는 말은 건강한 대화의 기본이 됩니다.

예 "생각은 서로 다를 수 있어. 서로 이야기하면서 방법을 찾아보자."

"네가 하고 싶은 말을 친구 마음이 아프지 않게 말한다면, 어떻게 하면 좋을까? 같은 뜻이라도, 다른 말로 하면 더 좋은 친구가 될 수 있어."

갈등을 관계 회복의 기회로 바꿔 주는 말 건네기

친구와의 갈등은 피할 수 없지만, 그 순간을 어떻게 지나느냐에 따라 관계는 더 가까워질 수도 있고, 멀어질 수도 있습니다. 이럴 땐, "어서 사과해!"처럼 화해를 강요하기보다는, 아이 스스로 상황을 돌아보고, 자신의 감정을 말로 표현할 수 있도록 이끄는 언어가 필요합니다. 상대방의 마음을 이해하고, 내 마음도 조심스럽게 표현해 보는 연습은 아이들에게 '갈등도 관계의 일부'라는 생각을 자연스럽게 심어 줍니다.

예 "지금 ○○에게 어떤 말로 내 마음을 전하면 좋을까?"
"'미안해.' 한마디보다, 왜 그런 일이 생겼는지 말해 주면 친구가 더 잘 이해할 수 있을 거야."
"친구랑 다투는 건 누구에게나 일어날 수 있는 일이야. 하지만 다시 이어 가려는 말 한마디가 너를 더 멋지게 만들어 줄 거야."
"친구와 갈등이 생겼을 땐, 내 마음을 잘 꺼내는 게 진짜 용기야."

5. 책임 있는 의사결정역량

책임 있는 의사결정이란, 자신과 다른 사람에게 어떤 영향을 줄지를 생각하며 신중하고 합리적인 선택을 할 수 있는 힘을 말합니다. 즉흥적으로 반응하거나 친구를 따라 하기보다는 상황을 잘 이해하고, 감정과 가치, 결과까지 함께 고려해 스스로 판단할 수 있는 능력이죠. 하지만 아이들은 아직 눈앞의 감정이나 결과에 쉽게 끌리고, 충동적으로 행동하는 경우도 많습니다. 이는 만족을 미루거나, 계획을 세워 실행하는 능력을 담당하는 전두엽이 아직 충분히 자라지 못했기 때문이에요. 그래서 이 시기에는 '결정을 대신 내려 주는 말'보다, '스스로 생각할 수 있는 기회를 주는 말'이 더 큰 힘을 가질 수 있습니다.

생각을 되짚는 말 건네기

"그렇게 한 이유가 있었니?"라는 선생님의 질문에 아이들이 "그냥요……." "몰라요."라고 대답하는 경우가 많습니다. 이는 아이들이 고의로 숨기려고 한다기보다는, 스스로도 왜 그렇게 했는지 정리해 본 경험이 부족하기 때문입니다. 이럴 때는 정답을 요구하기보다는 행동에 담긴 마음과 이유를 스스로 돌아볼 수 있도록 차분히 이끄는 말이 필요합니다.

예 "그때 그렇게 말한 건 어떤 마음 때문이었을까?"
"그 선택을 할 때, 어떤 결과가 생길 거라고 생각했어?"
"그 상황에서 네가 기대한 건 뭐였을까?"
"비슷한 일이 또 생긴다면, 이번에는 어떻게 해 볼 수 있을까?"

스스로 결정하게 돕는 말 건네기

"선생님이 하라는 대로 해."라는 말은 빠르고 편한 방법입니다. 하지만 결정을 스스로 해 보는 경험은 아이의 판단력과 책임감을 자라게 합니다. 따라서 이럴 때는 정답을 바로 알려 주기보다는 아이 스스로 기준을 세우고, 선택의 결과까지 함께 생각해 보도록 이끄는 말이 필요합니다.

예 "이럴 땐 너라면 어떤 선택이 더 좋다고 생각해?"
"그건 좋은 점이 있고, 걱정되는 점도 있겠네. 너는 어떻게 생각해?"
"이번엔 네가 한번 정해 보고, 실천해 보자. 선생님은 옆에서 도와줄게."

부록 2

교실 속 작은 갈등을 해결하는 미니 활동지

교실에서는 꼭 학교폭력처럼 큰 문제가 아니더라도 "선생님 ○○가 이런 말을 했어요." "○○가 저 안 끼워 줘요."와 같은 작은 갈등과 오해가 매일 같이 일어납니다. 이럴 때, "사과해." "그만하고 따로 놀아."처럼 선생님이 재판관이 되어 판결을 내리면 그 순간은 잠잠해질 수 있지만, 아이들은 스스로 배우지 못한 채 같은 상황을 반복하게 됩니다. 결국 선생님은 지치고, 아이들은 답답함만 남게 되죠.

하지만 갈등이 꼭 나쁜 것만은 아닙니다. 갈등을 회복하는 과정에서 아이들의 마음도 함께 자라나기 때문입니다. 교실에서 작은 갈등과 오해가 생겨날 때, 이 활동지를 꺼내 보세요. '교실 속 작은 갈등을 해결하는 미니 활동지'를 작성하는 과정에서 아이들은 자신의 마음을 돌아보고, 친구의 마음을 짐작해 보며, '어떻게 다시 좋은 관계를 이어 갈지' 배울 수 있습니다. 이 활동지가 선생님과 아이 모두에게 편안한 대화의 시작이 되길 바랍니다.

1. 내 마음 돌아보기

언제 사용하면 좋을까요?

- 친구와 다투고 감정이 격해졌을 때
- 아이가 입을 꾹 닫고 말하지 않을 때
- 반복되는 문제 상황에서 아이 스스로 왜 이런 일이 생겼는지 돌아볼 시간이 필요할 때

어떤 점이 좋은가요?

- 아이가 스스로 자신의 감정과 행동을 정리할 수 있어요.

- "왜 그랬어?" 대신, 차분하게 마음을 들여다보는 질문을 통해 아이의 이성적 사고와 자기 성찰을 돕습니다.
- 형식적인 사과가 아니라, 진짜로 원하는 것과 감정을 말로 풀어낼 수 있도록 준비시켜 줍니다.

활용 팁

- 아이가 화가 나 있거나 말하기 싫어할 때, "널 혼내려는 게 아니야. 네 속마음을 함께 알아보고 싶어서 그러는 거야."라고 부드럽게 설명하며 활동지를 건네 보세요.
- 다 쓰지 않아도 괜찮아요. 아이의 손에 몇 글자라도 남겨지면, 그게 대화의 시작이 될 수 있습니다.
- 작성 후에는, "○○이 마음이 궁금했는데, 이제 선생님이랑 얘기해 볼까?" "네가 적은 걸 보니 이런 마음이었구나!"라고 말하며 아이의 감정을 읽어 주고, 회복 대화로 자연스럽게 이어 가세요.

내 마음 돌아보기

잠시 감정을 진정하고, 내 마음을 들여다보는 시간을 가져 볼까요?
지금, 이 순간, 나는 어떤 감정일까? 무슨 일이 있었던 걸까? 생각해 봐요.

1. 어떤 일이 있었나요? (해당하는 항목에 모두 ☑ 체크하세요.)

- ☐ 친구와 말다툼이 있었어요.
- ☐ 친구가 나를 무시한 것 같았어요.
- ☐ 친구가 기분 나쁜 말을 했어요.
- ☐ 무슨 일이 있었는지 나도 잘 모르겠어요.
- ☐ 기타 (직접 쓰기): ______________________
- ☐ 내가 먼저 화를 냈어요.
- ☐ 감정이 폭발해서 행동했어요.
- ☐ 나는 그런 의도가 없었는데 그렇게 되었어요.

2. 그때 내 마음은 어땠나요?

- ☐ 속상했어요.
- ☐ 외로웠어요.
- ☐ 억울했어요.
- ☐ 다른 감정: ______________________
- ☐ 화가 났어요.
- ☐ 무시당한 느낌이었어요.
- ☐ 당황했어요.

3. 2번에서 표현한 내 마음을 숫자로 나타낸다면 몇 점일까요?

▶ 내 마음의 크기

☐ 1 (매우 작아요)　☐ 2　☐ 3　☐ 4　☐ 5 (매우 크게 느꼈어요)

4. 그때 내가 하지 못한 말이 있다면 작성해 볼까요?

✎ ______________________

✎ ______________________

5. 지금 내가 바라는 것은 무엇인가요?

- ☐ 친구가 내 마음을 알아줬으면 좋겠어요.
- ☐ 사과를 받고 싶어요.
- ☐ 다시 사이좋게 지내고 싶어요.
- ☐ 친구와 말로 풀고 싶어요.
- ☐ 잠깐 혼자 있고 싶어요.
- ☐ 아직 잘 모르겠어요.

▷ 한 줄 정리: 내가 지금 하고 싶은 말을 한마디로 표현해 본다면?

✎ ______________________

2. 친구 마음 짐작해 보기

언제 사용하면 좋을까요?

- 감정이 조금 진정된 후, 친구와 다시 잘 지내고 싶을 때
- 아이가 "나도 속상했지만, 친구도 속상했겠네."라고 생각할 수 있도록 돕고 싶을 때
- 단순히 "사과해."가 아니라, 진짜 마음을 전하게 하고 싶을 때
- 갈등 이후, 서로 다가갈 준비를 할 수 있도록 도와주고 싶을 때

어떤 점이 좋은가요?

- 친구의 마음을 상상해 보며 공감하는 힘을 기를 수 있어요.
- "나는 이랬는데, 친구는 어땠을까?"라고 생각하는 과정에서 자신을 객관적으로 돌아볼 수 있습니다.
- 형식적인 사과가 아니라, 진심을 담아 마음과 마음을 나누는 대화를 나눌 수 있어요.
- 자연스럽게 회복적 대화를 연습하면서, 관계를 다시 이어 갈 수 있는 따뜻한 발판이 됩니다.

활용 팁

- 아이의 마음을 먼저 충분히 공감해 주세요. "○○가 정말 속상했겠다. 그런데 너의 이런 마음을 친구도 알고 있을까?"처럼 자신의 감정을 표현해야 하는 이유를 자연스럽게 느낄 수 있도록 도와주세요.
- 그리고 "내 마음을 돌아봤으니, 이제 친구 마음도 한번 생각해 볼까?"라고 건네 보세요. 제1장과 자연스럽게 연결되며, 감정 표현에서 공감으로 이어질 수 있습니다.
- 아이들이 친구 마음을 떠올리는 건 쉽지 않아요. 처음에는 어려워하는 게 당연합니다. 하지만 그 순간부터 회복이 시작된다는 걸 기억해 주세요.
- 아이가 친구에게 하고 싶은 말을 쓰고 나면, "이 말, 친구에게 직접 전해 볼래?" "선생님이 옆에서 도와줄까?" "직접 말할 준비가 아직 안 됐으면 종이로 전해 줘도 좋아."라고 선택지를 주며 실천할 수 있도록 도와주세요.

친구 마음 짐작해 보기

이번에는 친구의 입장에서 생각해 볼 시간이에요. 우리는 서로 다르게 느낄 수 있어요.
그 친구는 어떤 마음이었을까? 내 말로 친구와 이어질 수 있을까? 생각해 봐요.

1. 친구는 어떤 마음이었을까? (해당하는 항목에 모두 ☑ 체크하세요.)

- ☐ 속상했을 것 같아요.
- ☐ 억울했을 것 같아요.
- ☐ 외로웠을 것 같아요.
- ☐ 겁났을 것 같아요.
- ☐ 화났을 것 같아요.
- ☐ 나와 다르게 느꼈을 것 같아요.
- ☐ 기타(직접 쓰기): ____________________

2. 친구는 어떤 말을 듣고 싶었을까?

- ☐ "미안해."
- ☐ "그럴 줄 몰랐어."
- ☐ "너도 힘들었겠다."
- ☐ "내가 잘못했어."
- ☐ "너의 속마음이 궁금해."
- ☐ "친절하게 말해 줘."
- ☐ 기타(직접 쓰기): ____________________

3. 친구의 눈에 나는 어떻게 보였을까?

- ☐ 너무 화가 나 있었던 사람
- ☐ 자기 말만 하는 사람
- ☐ 겁을 주는 사람
- ☐ 친구를 무시하는 사람
- ☐ 친구 마음을 몰라주는 사람
- ☐ 기타(직접 쓰기): ____________________

4. 나는 친구와 어떤 관계가 되면 좋을까?

- ☐ 서로 말할 수 있는 사이
- ☐ 다시 사이 좋은 친구
- ☐ 서로 조심하는 사이
- ☐ 사과를 나눌 수 있는 사이
- ☐ 아직 잘 모르겠어요.
- ☐ 기타(직접 쓰기): ____________________

5. 친구에게 그때 못한 꼭 하고 싶은 말이 있다면?

✎ ____

▷ **회복적 대화 한 문장 정리: 다음의 문장을 따라 내 마음을 한 문장으로 정리해 보세요.**

나는 (   ) 때문에 그런 행동을 했어.
너는 (   ) 기분이었을 것 같아.
나는 (   )을 바라고 있었고,
너는 아마 (   )을 바랐을 것 같아. 아니라면 꼭 말해 줘.
나는 앞으로 (   )만은 꼭 지킬게.

▶ **담임 선생님께 하고 싶은 말이 있다면?**

✎ ____

▷ **나와 상대방의 마음을 이해하기 위해 노력했어요. 이제 친구와도 다시 연결될 수 있는 용기를 낼 수 있어요.**

부록 3

사회정서교육 프로그램, 이렇게 효과가 나타났어요!

이 수업, 정말 효과가 있을까요?

혹시 이런 질문을 떠올리셨다면, 그만큼 선생님 마음속에 아이들의 변화를 향한 간절한 바람이 있기 때문일 거예요. 수업을 통해 아이들이 자라나는 모습을 눈으로 확인하는 것만큼 보람찬 일도 없으니까요. CASEL은 사회정서교육이 과학적 근거에 기반한 프로그램이어야 한다고 강조합니다. 탄탄한 이론 위에서 설계되는 것은 물론, 실제 수업이 아이들의 사회정서역량을 키우는 데 도움이 되었는지를 검증하는 과정도 중요하다고 말하지요.

물론, CASEL이 제시하는 엄격한 기준을 충족하려면 앞으로도 지속적인 연구와 축적이 필요합니다. 하지만 이 프로그램 역시 실제 교육 현장에 적용한 후, 아이들의 사회정서역량에 어떤 변화가 있었는지를 확인하기 위해 효과성 검증을 진행하였습니다. 이 부록에서는 그 연구 과정과 결과를 선생님들께 소개합니다.

▸ **연구 목적**

- 교육집단과 비교집단의 사회정서역량 변화를 비교 분석을 통한 프로그램의 실질적인 효과 검증

▸ **참여 대상**

- 서울 소재 2개 초등학교의 4~5학년 학생
- 교육집단 49명, 비교집단 78명(총 127명)

▸ **검사 도구**

- 「한국형 사회정서교육 효과성 도구(초등 고학년용, 총 45문항)」
  (개발: 이화여자대학교 오인수 교수 연구팀)

▸ **연구 절차**

- 사전검사: 2025년 3월 말~4월 초, 교육집단과 비교집단 모두에게 실시
- 프로그램 운영: 사전검사 직후부터 교육집단을 대상으로 주 1회, 총 10회기 수업 진행
- 사후검사: 2025년 6월 말, 두 집단 모두에게 동일한 도구로 모두에게 재검사 실시

▸ **연구 결과 한눈에 보기**

- 프로그램에 참여한 학생들은 전반적인 사회정서역량이 눈에 띄게 향상되었어요.
- 수업 전후 점수를 비교해 보니, 자기인식, 자기관리, 관계인식, 관계관리, 공동체 가치 인식 및 관리 등이 통계적으로 유의하게 좋아졌어요.
- 교육을 받은 학생들과 그렇지 않은 학생을 비교했을 때,

→ 특히 자기관리, 관계인식, 관계관리, 공동체 가치 인식 및 관리 영역에서 더 뚜렷한 변화가 나타났어요.

1. 교육집단의 사전점수–사후점수 간 점수 변화 정도 확인

교육집단 학생들에게 사전설문 및 사후설문을 시행한 결과, 대부분의 구인에서 평균 점수가 교육 전보다 교육 후에 유의미하게 향상된 것으로 나타났다(〈표 1〉, [그림 1] 참조).

〈표 1〉 교육집단의 사전설문 및 사후설문 구인별 평균 점수 비교 (N=49)

구인 \ 구인	교육집단	
	사전설문	사후설문
자기인식	70.75	76.53
자기관리	59.69	67.97
관계인식	74.15	81.12
관계관리	71.43	77.04
공동체	71.03	75.57
정신건강	64.37	73.47

분석 결과, 자기인식, 자기관리, 관계인식, 관계관리, 공동체 가치의 인식 및 관리, 마음건강 등 대부분의 영역에서 사후점수가 사전점수보다 통계적으로 유의미하게 높아졌다. 특히 자기인식($t=-2.10$, $p=.041$), 자기관리($t=-3.97$, $p<.001$), 관계인식($t=-3.41$, $p=.001$), 관계관리($t=-3.11$, $p=.003$), 공동체 가치 인식 및 관리($t=-2.09$, $p=.042$), 정신건강의 이해와 관리

($t=-3.65$, $p=.001$) 등의 영역에서 p값이 .05보다 낮게 나타나 유의미한 향상을 보였다.

이러한 결과는 해당 사회정서역량 강화 프로그램이 학생들의 자기인식, 자기관리, 관계인식, 관계관리, 공동체 가치 인식 및 관리 등 핵심 사회정서역량을 전반적으로 향상시키는 데 효과가 있었음을 보여 준다.

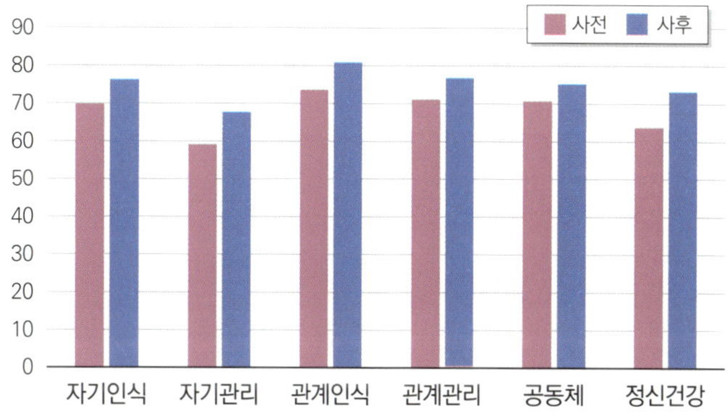

[그림 1] 교육집단의 사전설문 및 사후설문 구인별 평균점수 비교

2. 교육집단과 비교집단의 사후점수 간 점수 차이 비교

교육집단과 비교집단의 사전설문 및 사후설문을 시행한 결과, 집단 간 구인별 평균 점수를 비교한 것은 〈표 2〉와 같다.

〈표 2〉 교육집단 및 비교집단의 사전설문 및 사후설문 구인별 평균 점수 비교

구인 \ 구인	교육집단		비교집단	
	사전설문	사후설문	사전설문	사후설문
자기인식	70.18	74.76	74.00	76.23
자기관리	59.26	67.19	64.77	67.20
관계인식	73.77	79.80	77.53	77.51
관계관리	70.64	75.47	75.04	74.43
공동체	70.32	73.90	74.58	72.70
정신건강	64.79	72.41	69.36	73.34

분석 결과, 사전검사에서 교육집단과 비교집단의 하위 구인별 평균 점수 차이는 모두 통계적으로 유의하지 않았으며($p>.05$), 이에 따라 두 집단은 동질한 집단으로 판단할 수 있다.

다만, 실제 점수를 살펴보면 모든 하위 영역에서 비교집단이 교육집단보다 다소 높은 평균 점수를 보였다. 따라서 이후 사후점수 분석에서는 이러한 초기 차이를 고려하여 개입 효과의 변화량에 주목하였다.

사후검사 결과, 교육집단이 비교집단보다 평균 점수가 높은 경향을 보인 영역도 있었지만, 모든 하위 영역에서 통계적으로 유의한 차이는 나타나지 않았다($p > .05$).

3. 교육집단과 비교집단의 사후점수–사전점수 차이값 비교

앞서 살펴본 바와 같이, 사전검사에서 두 집단 간의 점수 차이는 통계적으로 유의하지 않았지만, 실제 평균 점수에서는 비교집단이 모든 하위 구인에서 상대적으로 높은 수준을 보였다. 이후 사후검사에서는 교육집단의 평균 점수가 비교집단과 유사한 수준으로 수렴되는 경향을 나타냈다. 이러한 패턴은 사후점수 수준만으로는 드러나지 않는 교육집단의 의미 있는 향상 가능성을 시사하며, 변화량 중심의 분석이 필요함을 보여 준다.

이에 따라 사후점수에서 사전점수를 뺀 차이값을 산출하여 두 집단 간 변화량을 비교한 결과 자기관리($t = 2.54$, $p = .012$), 관계인식($t = 2.75$, $p = .007$), 관계관리($t = 2.86$, $p = .005$), 공동체 가치 인식 및 관리($t = 2.31$, $p = .023$) 네 개 구인에서 두 집단 간 변화량의 차이가 유의수준 .05에서 통계적으로 유의하였다. 반면, 정신건강의 이해와 관리($t = 1.519$, $p = .133$)와 자기인식($t = .912$, $p = .365$) 영역에서는 유의미한 차이가 나타나지 않았다(〈표 3〉, [그림 2] 참조).

〈표 3〉 교육집단 및 비교집단 학생 개별 사후점수–사전점수 차이값 비교

구인 \ 구인	사후점수–사전점수 차이값	
	사전설문	사후설문
자기인식	5.78	2.94
자기관리	8.28	2.42
관계인식	6.97	0.53
관계관리	5.61	-0.18
공동체	4.54	-1.21
정신건강	9.10	4.81

특히 자기관리와 관계인식은 두 집단 모두에서 점수 상승이 있었으나, 교육집단에서 더 큰 폭의 향상이 이루어졌다. 반면, 관계관리와 공동체 가치 영역은 비교집단에서는 오히려 점수가 감소하고, 교육집단에서는 향상되어 두 집단 간 변화량의 차이가 더욱 두드러졌다.

이러한 결과는 사회정서역량의 향상 여부를 단순한 점수 차이보다 변화의 방향성과 크기를 중심으로 해석할 필요가 있음을 시사한다. 특히 본 프로그램은 학생들의 사회적 관계 및 공동체 의식과 관련된 핵심 역량을 유의미하게 향상시키는 데 기여했다는 점에서 교육적 의의가 크다.

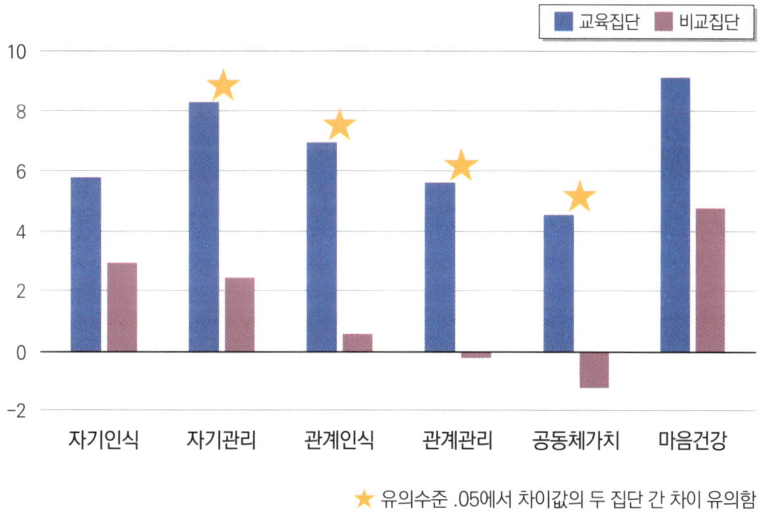

[그림 2] 교육집단 및 비교집단 학생 개별 사후점수–사전점수 차이값 비교

참고문헌

경상북도교육청연구원(2023). 기초학력 보장을 위한 사회정서역량 지도 길라잡이 초등학교용(교-807-22-13). 경상북도교육청연구원.

김광수, 오영희, 박종효, 정성진, 하요상, 강주희, 추정인, 한선녀(2016). 용서를 통한 치유와 성장. 학지사.

김유리(2022). 학교 사회정서학습 프로그램 개발 및 적용 방안 연구: 초등학교 도덕과 교육과정을 중심으로(서교연 2022-78). 서울특별시교육청교육연구정보원.

김유리, 배현순, 정선숙, 송미숙(2021). 학생 사회정서역량 강화를 위한 심리지원정책 발전 방안(서교연 2021-75). 서울특별시교육청교육정보연구원.

김윤경(2017). 사회정서학습(SEL)을 적용한 학교인성교육 정책방향 연구. 서울대학교 대학원 박사학위 논문.

김윤경(2023). 사회정서학습-학교 교육으로 튼튼한 마음 가르치기(개정2판). 다봄교육.

성진아(2020). 마음트리: 초등학생을 위한 사회성 · 감성 향상 프로그램. 교육을 바꾸는 사람들.

신현숙, 김선미, 류정희, 박주희, 배민영, 이은정, 강금주(2022). 초등학생을 위한 사회정서학습 프로그램. 학지사.

아다치 히로미, 가와하라 미즈마루(2025). 소중해 소중해 너의 좋은 점 (きみのいいところがみつかるえほん). (권남희 역). 주니어RHK. (원서는 2024년에 출판).

우채영(2016). 사회정서학습(SEL)의 교육적 의의. 청소년학연구, 23(3), 163-185.

이동섭(2022). 핀란드의 학교 내외 정서 및 사회성 함양 프로그램 운영사례와 시사점. 한국교육개발원 교육현안보고서, 3, 5-45.

이승현, 이승호(2019). 마음챙김 기반 사회정서학습 프로그램이 초등학생의 사회정서역량 향상에 미치는 효과. 인문사회21, 10(6), 379-394.

이인재(2019). 사회정서학습과 도덕교육. 윤리교육연구, 55, 165-193.

전은경, 윤혜주, 이지영, 임지은, 박현지, 이은지(2021). 초등학생의 정서 인식 및 조절력 향상을 위한 마음챙김 집단상담 프로그램 개발 및 운영 방안 연구(서교연 2021-68). 서울특별시교육청교육연구정보원.

정민영(2024). 사회정서학습 연구에 대한 메타분석. 학습자중심교과교육연구, 24(15), 659-673.

한국교육과정평가원(2022). 미국; 사회 · 정서 · 윤리학습(SEE) 소개, 국제교육동향, 1, 1-9.

홍현주, 남궁환, 이인재(2020). 'Second Step'을 활용한 초등학생의 공감 및 자기조절 능력 함양 프로그램 개발. 초등도덕교육, 70, 193-218.

Ahmed, I., Hamzah, A. B., & Abdullah, M. N. L. Y. B. (2020). Effect of social and emotional learning approach on students' social-emotional competence. *International Journal of Instruction, 13*(4), 663-676.

Bierman, K. L., & Motamedi, M. (2015). Social and emotional learning programs for preschool children. In J. A. Durlak, C. E. Domitrovich, R. P. Weissberg, & T. P. Gullotta (Eds.), *Handbook of social and emotional learning: Research and practice* (pp. 135-151). Guilford Press.

Brackett, M. (2020). **감정의 발견** (*Permission to Feel*). (임지연 역). 북라이프. (원서는 2019년에 출판).

Broderick, P. C. (2024). **불안한 십 대를 위한 사회정서학습** (*Learning to BREATHE*). (김윤경 역). 다봄교육. (원서는 2013년에 출판).

Burdick, D. (2024). **아동과 청소년을 위한 마음챙김 워크북** (*Mindfulness Skills for Kids & Teens*). (곽영숙, 권용실, 김완두, 김윤희, 문덕수, 박용한, 박준성, 원승희, 이강욱, 이화영, 정동선 공역). 학지사. (원서는 2013년에 출판).

Committee for Children. (n.d.). *Second Step: Social-emotional learning (SEL) programs*. https://www.secondstep.org/

Dusenbury, L., & Weissberg, R. P. (2017). Social emotional learning in elementary school: Preparation for success. *The Education Digest, 83*(1), 36-42.

Harmony SEL. (n.d.). *Harmony SEL curriculum*. https://www.harmonysel.org/

Jones, S. M., & Doolittle, E. J. (2017). Social and emotional learning: Introducing the issue. *The Future of Children, 27*(1), 3-11.

Karen, S. R. (2018). **사회정서발달: 애착관계와 자기의 발달** (*Social and Emotional Development*). (유미숙, 이영애, 류승민, 박소연, 박현아 공역). 시그마프레스. (원서는 2016년에 출판).

Kircanski, K., Lieberman, M. D., & Craske, M. G. (2012). Feelings into words: Contributions of language to exposure therapy. *Psychological Science, 23*(10), 1086-1091.

Lieberman, M. D., Eisenberger, N. I., Crockett, M. J., Tom, S. M., Pfeifer, J. H., & Way, B. M. (2007). Putting feelings into words. *Psychological Science, 18*(5), 421-428.

McGrath, H., & Noble, T. (2024). **회복탄력성 및 사회정서학습을 위한 긍정심리교육 프로그램** (*Bounce Back! Years 5-6*). (오인수, 한현희 공역). 학지사. (원서는 2018년에 출판).

PATHS® Program LLC. (n.d.). *PATHS® program: Promoting alternative thinking strategies*. https://pathsprogram.com/

Peace of Mind, Inc. (n.d.). *Peace of Mind program*. https://teachpeaceofmind.org/

Rashid, T., & Seligman, M. (2020). **긍정심리치료 치료자 매뉴얼** (*Positive Psychotherapy*). (우문식, 이미정 공역). 물푸레. (원저는 2018년에 출판).

The Goldie Hawn Foundation. (n.d.). *MindUP: A mindful approach to SEL*. https://mindup.org/

University of Oregon. (n.d.). *Strong Kids social-emotional learning program*. https://strongkids.

uoregon.edu/

VIA Institute on Character. (n.d.). *VIA Institute on Character*. https://www.viacharacter.org

Wong, A. S., Li-Tsang, C. W., & Siu, A. M. (2014). Effect of a social emotional learning programme for primary school students. *Hong Kong Journal of Occupational Therapy, 24*(2), 56-63.

Yale Center for Emotional Intelligence. (n.d.). *RULER: An evidence-based approach to social and emotional learning*. https://www.rulerapproach.org/

Yeager, D. S. (2017). Social and emotional learning programs for adolescents. *The Future of Children, 27*(1), 73-94.

Zins, J. E., & Elias, M. J. (2007). Social and emotional learning: Promoting the development of all students. *Journal of Educational and Psychological Consultation, 17*(2-3), 233-255.

저자 소개

한혜원(Han Hye Won)

이화여자대학교 교육학과 교육상담심리전공 박사

현) 서울시교육청 초등학교 전문상담교사

이화여자대학교 교육대학원 겸임교수

〈저서〉

도구를 활용한 아동 · 청소년 상담 기법(공저, 학지사, 2022)

그렇게 말해주니 공부하고 싶어졌어요(위즈덤하우스, 2021)

초등감정사용법(생각정원, 2019)

조열음(Cho Yeol Eum)

현) 서울시교육청 초등학교 전문상담교사

김미현(Kim Mi Hyun)

현) 세종시교육청 초등학교 전문상담교사

김민아(Kim Min A)

현) 충청남도교육청 초등학교 전문상담교사

김민정(Kim Ming Jung)

이화여자대학교 일반대학원 교육학과 석사

현) 서울시교육청 초등학교 전문상담교사

〈저서〉

도구를 활용한 아동 · 청소년 상담 기법(공저, 학지사, 2022)

교실에서 바로 실천하는 사회정서교육

SEL in Action: Ready-to-Use Activities for Your Classroom

2025년 8월 30일 1판 1쇄 발행
2026년 3월 20일 1판 3쇄 발행

지은이 • 한혜원 · 조열음 · 김미현 · 김민아 · 김민정
펴낸이 • 김 진 환
펴낸곳 • (주) 학지사
04031 서울특별시 마포구 양화로 15길 20 마인드월드빌딩 5층
대표전화 • 02) 330-5114 팩스 • 02) 324-2345
등록번호 • 제313-2006-000265호
홈페이지 • http://www.hakjisa.co.kr
인스타그램 • https://www.instagram.com/hakjisabook

ISBN 978-89-997-3493-9 93370

정가 27,000원

저자와의 협약으로 인지는 생략합니다.
파본은 구입처에서 교환하여 드립니다.

1: 들이마시기
2: 내쉬기

1: 들이마시기
2: 내쉬기

도형을 따라 호흡하면 마음이 차분해져요!

도형 호흡 놀이

1: 들이마시기
2: 멈추기
3: 내쉬기

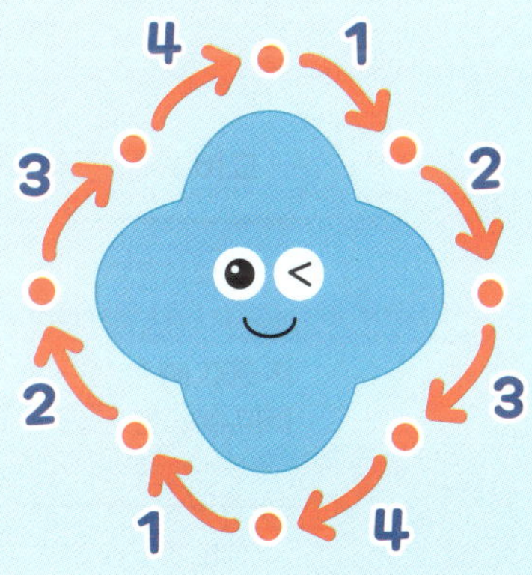

1: 들이마시기 2: 멈추기
3: 내쉬기 4: 미소짓기

학지사 와이즈박스 WISEBOX 인싸이트 심리검사연구소

사과의 말 이렇게 전해요!

사 사과의 말을 전해요!

"미안해"

이 이유를 이야기해요!

"내가 실수로 ______했어."

다 다짐하고 실천해요!

"다음번엔 안 그럴게."

QR코드를 스캔하고 '사.이.다' 노래를 들어보세요!

노래듣기 QR

학지사 와이즈박스 WISEBOX 인싸이트 심리검사연구소